大和言葉は
古代シュメール語で解説できる！

― 縄文土器からわかること ―

桂樹 佑

筑波出版会

大和言葉は古代シュメール語で解説できる！

― 縄文土器からわかること ―

国之常立大神様に捧ぐ

目次

序 ………………………………………………………………… 5

第1章：日本語って、どんなコトバ？

①「日本語」って、どんなコトバなの？ ……………………… 9
②「大和言葉」って、どんなコトバなの？ …………………… 11
③「シュメール語」って、どこの国のどんなコトバなの？ ……… 14

第2章：文字は歴史と文化と宗教の集大成！

① 縄文のオーパーツ「ヌヌズ土器」が語る真実とは？ …………… 20
② 二つの確認事項：「神の法則」
「シュメール人、髷（まげ）を結い下駄を履いたら日本人⁉」… 30
③ 美しい雅な大和言葉その1：シュメール語による解析実例40 … 43
④ ちょっと一息：シュメール語の世界拡散例 ………………………… 96
⑤ 美しい雅な大和言葉その2：シュメール語による解析実例60・102

第3章：ごく身の回りの日常語解析40例

①〈見る・聞く・話す・書く〉〈上下左右〉〈東西南北〉〈春夏秋冬〉
もすべてシュメール語だった～！ …………………………… 167
② 十二支もすべてシュメール語である！ …………………… 184
③ 陰暦もすべてシュメール語である！ …………………………… 191

終章：縄文土器から読み解けること

① 縄文時代の初めより一体何が起きていたのか？ ……………… 205
② 驚異の歴史を刻んだシュメールの粘土板 ……………………… 211
③ YAP 遺伝子 (ハプログループ D1b) を組み込んだ
　　二つの民族：仮説のまとめ ……………………………………… 223

参考図書・辞書一覧 ……………………………………………………… 226
あとがき ………………………………………………………………… 227

序

　あれは今から5年程前の2019年9月2日のことでした。拙著第5弾『縄文土器は神社だった！』（既版、ヒカルランド）の第3校を終えて郵送した私は、やれやれホッとして休むかと思いきや、何故か川越駅4Fの本屋にいました。いや、正確には行かされたようなのです。そこで手に取っていたのは『大和言葉がまるごとわかる本　「和の言葉」厳選585語』（晋遊舎）でした。

　パラパラとめくっていると、「尋」という漢字と十二単衣姿の若い女性が両手を広げている様子が描かれた挿絵の所で手が止まりました。p59です。それは、以前拙著『漢字に隠されたDNA暗号』（たま出版）の中でその漢字「尋」のシュメール語源を明らかにしたことがあるからです。

　しかし、今回の興味はそれではありませんでした。そのページの左上には大和言葉の「終日（ひねもす）」が載っており、そこに目が行ったのです。その説明書きには「朝から晩まで。春の海　終日のたりのたりかな（蕪村）が有名」とありました。

春の海　終日のたり　のたりかな（与謝蕪村）

　うららかな陽光煌（きら）めく春の海。一日中ゆったりと寄せては返し、返しては寄せる穏やかな春の海の情景が、そしてそれをぼんやりと眺め

ながらまどろむ作者の心情が実に的確に捉えられているかと思います。さすがは蕪村だなと思いました。

　せちがらい世の中、何かとストレスの多い世の中です。そんな時は穏やかな春の海に出かけ、心をリフレッシュしてみたくなりませんか？　そして、再充電したら、きっとまた明日からやるぞ〜という気力が出て来るかと思うのです。

　しかし、です。そこで気になったコトバが一つあります。それは「終日」です。普通は漢音で「しゅうじつ」と読みますが、どうして大和言葉だと「ひねもす hinemosu」になるのか…？　その音と響き（以後「音韻」）は一体どこから来るのか？　また、その元の言葉（以後「祖語」）は一体何なのか？　更には、意味は一体何なのか？　etc. がとても気になりました。

　私は古代史研究家。「比較言語学をベースに、生命科学の観点から古代史を読み解く」ことをモットーとしています。確かに、縄文土器に刻まれ or 施文された「神々の文字・記号・数詞」は扱うものの、「大和言葉」などという比較的新しいテーマには全く興味もなく、考えてみたこともありませんでした。

　しかし、恩師である川崎真治先生は生前「「いろは」はシュメール語である！」と仰っていました。で、それならば「大和言葉」だって「いろは」で出来ているのだから、その祖語はシュメール語なんじゃないの？　と単純に思いました。

　そこで、何を血迷ったのか、よせばいいのに「終日（ひねもす）」を筆頭に「「和の言葉」厳選585」全てを本当にシュメール語で読み解けるものなのかどうか、チャレンジしてみたくなったのです。もし出来なければ、恩師川崎先生の名言が誤っていることの検証にもなりますし、もし首尾よく出来るのであるならば、「大和言葉＝シュメール語」となり、川崎説が正しいということの証明にもなりますし、延いてはそれが令和6年に贈る「新しい言語革命」となるであろうこと

6

請け合いなのです。

　でも、人間っておかしなもので、一つの刺激が満たされると、次はもっと大きな別の刺激が欲しくなってくるようです。『縄文土器は神社だった！』の第３校を終えて、頭の中は脳内麻薬のエンドルフィンやエンケパリンなどで満たされているはずなのに、新たなる蜜を求めて花から花へと飛び移る蝶のように、私もまた次から次へと別の新しい研究テーマを探し求めていたのです。もう「知的探求心病」に罹（かか）った徘徊老人のようです。（笑）

　そこで、早速その雑誌を買い求め、家に帰って「大和言葉プロジェクト585」を直ぐに立ち上げ、その晩から約４か月に及ぶ解析作業が始まりました。主に『日本語―セム語族比較辞典』（国際語学社　飯島紀編著）と Sumeian Lexicon（Logogram Publishing, J. A. Halloran, Professor of Assyriology, UCLA）の２冊を目の前に置いて、やり方もわからずに…です。今思えば、無謀と言うか…無茶苦茶でしたね。（笑）

　そして、１日も休むことなく１日８時間～10時間、丸４か月間ぶっ通しで続けた悪戦苦闘（楽しくも苦しい）の解析作業もようやく令和２年、正月気分真っ盛りの１月４日に無事終了することが出来ました。今回はその「大和言葉プロジェクト585」一字一句全て漏らさず解析した驚愕の結果の一部（140語）を皆様にお伝えしたいと思い、今 PC の前に座っています。

　「大和言葉の祖語は古代シュメール語である‼」

　人類未踏の領域をたった一人で、誰の手も借りず、古希を迎えたばかりの民間の爺ちゃんが果敢にチャレンジしてみました。まるでドン・キホーテのようです。新説「大和言葉は古代シュメール語で解説できる！」は、こうした人知れず続けた孤独で地道な、でも毎日毎晩

が感動の嵐に包まれた超〜幸せな解析作業の所産なのです。その幸せな感動を、桂樹フアンを筆頭に皆様に愛を込め・心を込めてお届け致します。どうぞご堪能あれ。

　ただ、悲しいかな「忘れる」という遺伝子のお陰で、あの時の感動をうまく再現して皆様にお伝えすることが出来るかどうか、一抹も二抹も不安が残ります。

　ともあれ、桂樹爺ちゃんが只の世迷いごとを言うバカなのかどうか、はたはた新しい令和の時代の天才なのかどうか…。どうぞ、あなたの知性の篩に掛けてみて下さい。あなたの知性に期待しています。

　一隅を照らす者は国の宝である（天台宗）

第1章：日本語って、どんなコトバ？

①「日本語」って、どんなコトバなの？

手元にある「福武国語辞典」（福武書店）を引くと、「日本語」とは、

「日本民族が用いている言語。北方のアルタイ語族に属する言語とする説が有力であるが祖語は未詳」（下線部は筆者）

とあります。
　　　（参考：アルタイ語族とは、現在では「語族」ではなく、南部を除く広大なアジア全土と東ヨーロッパの一部地域の「言語連合」と捉えられているようです）

アルタイ言語連合

ウソ～⁉　日本語の「祖語は未詳」？？？　だなんて、生まれて初めて知りました！　そんなことを教えてくれた高校・大学の先生は誰一人おりませんでしたよ。多分、それは今の学校でも同じことかと思います。日本語は日本語でしょう⁉　大抵の人がそう答えるかと思います。かつて、学習院大学の名誉教授である大野晋（すすむ）氏が「日本語＝タミール説」を唱えたものの、学会からはつまはじきにされたという噂を小耳に挟んだことがあるくらいですから…。

　また、日本語の祖語についてネット検索をしますと、「日琉（にちりゅう）祖語」などというのも出てきます。日本を中心に見ますと、圧倒的に西と北西のアルタイが中心で、そこに南西の琉球・西南のインド・タミールと本当に広範囲で様々ですので、やはり「祖語は未詳」が妥当な表現かと思います。ですから、研究の余地が未だ十二分に残されているかと思います。

　しかし、日本語の「祖語は未詳」と言われても、周知のように「日本語」の表記自体はその殆んどが古代中国から借り入れた漢字と、それを崩した形の平仮名（ひらがな）で構成されています。漢字自体は当て字ですから、日本語として純粋に残るのはその音と響き、つまり「音韻（おんいん）」だけになります。ということは、日本語の「祖語は未詳」とは、日本語の「音韻が未詳」ということになります。

　そこで、日本語の「音韻は未詳」であるならば、何度も引き合いに出しておりますが、恩師の川崎真治先生は生前「日本語の60％はシュメール語である！」と仰っていました。そうなると、先生の「日本語―シュメール語説」が急上昇して参りました。そうです。世界最古の文明と言われる古代メソポタミア文明の中でも文明が最高度に開化していたと言われるシュメール文明（BC3000年頃）のシュメール語です。

　となると、その先に見えて来る新世界とは？　誰も読み解いたことがない5000年前の縄文土器に施文されたシュメール語「nunuz ヌヌズ」を武器にした自説「大和言葉は100％シュメール語である！」もその妥当性・正当性が急浮上して参りました。さ、それは第2章①の「ヌヌズ土器」でたっぷりとお楽しみ下さいませ。ひょっとすると、「大和言葉」の秘密を唯一解き明かすことが出来るのは「考古学と比

較言語学」のニューコラボだけかも知れませんね。

　しかし、日本語の起源そのものよりも、その日本語（縄文語）を話す日本人（縄文人）の起源の方に興味がある方の数が圧倒的に多いと思いますので、参考程度に４つの渡来ルートを紹介しておきます。

縄文人の４つの渡来ルート

　海洋ルート・大陸ルート・大陸ルート（朝鮮半島経由）・大陸ルート（樺太経由）。筆者もこの「４つの渡来ルート」には賛成なのですが、こと言語学的には諸手（もろて）を挙げては賛成できないのです。その「第５のルート」についてはこれから徐々に明らかになって来ます。

②「大和言葉」って、どんなコトバなの？

　先程の国語辞典を引くと、「大和言葉」とは

「１．昔からの日本のことば。和語　２．和歌　３．中古・近世の雅語。または、女房詞（ことば）」

とあります。

でも、「昔から」といわれても、具体的にいつの時代からなのかイメージが摑めません。ネット検索をしますと、どうやら神武天皇（BC660即位）による「大和」国家建国の時代からのようであることがわかりました。そこから平安時代（AD794年〜1185年）までの宮中で用いられていた雅（みやび）な言葉がどうやら「大和言葉」らしいのです。つまり、660年＋1185年＝1845年の約2000年近くも使用されていた宮中を代表とする雅な言葉ということになります。因みに、雅語は「がご」と読みます。

　で、その雅語を更に検索しますと、

「日常表現には使わないような、風雅な趣のある（上品な）言葉。特に、平安時代の雅文・和歌に使ってある類の言葉。雅言（がげん）」

　とあります。

　要は、「大和言葉」とは「風雅な趣のある（上品な）言葉。特に、平安時代の雅文・和歌に使ってある類の言葉」ということです。手短には、「平安時代の風雅な趣のある（上品な）言葉」が「大和言葉」のようです。

〇大和言葉＝平安時代の風雅な趣のある（上品な）言葉

　でも、「趣（おもむき）」も「雅（みやび）」も少し抽象的ですし、具体的なイメージは摑み辛いかと思います。それでは、実際に「大和言葉」と言われているものの具体例を短いものから長いもの40例をご紹介致します。そうすればある程度は、なる程！　これが大和言葉なのかと合点がいくかと思います。

〈短いもの20語〉
　終日（ひねもす）・たおやか・言ほぐ・たゆたう・たまゆら・うららか・黄昏（たそがれ）・憚（はばか）る・ひだるい・みまかる・竦（すく）める・曙（あけぼの）・鯔背（いなせ）・おおどか・おたふ

第1章：日本語って、どんなコトバ？

く・ずんぐり・手弱女（たおやめ）・青二才・かまとと・けなげ

〈少し長いもの13語〉

　猫も杓子も・見目麗しい・慎み深い・心ばえがいい・天真爛漫・やんごとない・気の置けない・ろうたけた・鼻柱が強い・目端が利く・かまびすしい・まめまめしい・いとけない

〈かなり長いもの7文〉：

　袖振り合うも他生の縁・長い物には巻かれろ・渡る世間に鬼はなし・物言えば唇寒し秋の風・案ずるより産むが易し・夫婦喧嘩は犬も食わぬ・お前百までわしゃ九十九まで

「大和言葉」、如何でしたか？　見覚え・聞き覚えのあるものが結構沢山あるかと思います。中でも「袖振り合うも他生の縁」や「渡る世間に鬼はなし」などの長いものに関してはなじみ深いものではないでしょうか。特に後者などはそのアイロニー版として、1990年から21年も続いた連続TVドラマのタイトル「渡る世間は鬼ばかり」（原作・故橋田壽賀子）として使用されていましたからね。

　では、今一度「大和言葉」なるものをまとめてみましょう。

〇大和言葉＝平安時代を中心に、美しい四季の中で育まれ、優しい響きとさり気ない美意識に織りなされた生粋の日本語

　さて、問題はここからです。上記の40例を含めた「大和言葉585語」の音韻と意味が、つまり、その「祖語」なるものが本当に世界最古の文明と言われているメソポタミア文明のシュメール語なのでしょうか？

　当たり前のことですが、そんな時空を超えた話は聞いたことも無ければTVや新聞やSNSでも見たこともないかと思います。でもね、だからと言って「大和言葉は100％シュメール語である！」（桂樹説）

13

がトンデモ説であるということにはならないのです。今回の原稿を書く契機となった単純明快な「ヌヌズ土器」（第2章①）でさえも読み解ける人は、日本はおろか世界中にも誰一人としていないのですから……。

　ひょっとすると、世界中の学者・研究者を筆頭に皆さんが知らない・気が付かない、いや知ろうとしていないだけなのかも知れないのです。ひょっとすると、世界人口約77億人（日本人口約1億3000万人）の中で一番「ま・と・も」なのは、意外と筆者だけなのかも知れないのです。未だ誰も私のレベルに達してないだけのことなのかも知れません。となると、「世界の中心で大和言葉の真実を叫ぶ」している姿こそは未来に贈る「知的財産」になるかも知れないのです。

　さ、「真実の女神」はどちらに微笑んで下さるのでしょうか。楽しみです。

　（要注意！：少しフライングになりますが、上記の定義「大和言葉」＝「風雅な趣のある（上品な）言葉」の「omomuki：趣」も「miyabi：雅」も「kotoba：言葉」も全てその祖語は由緒正しきシュメール語でした！）

③「シュメール語」って、どこの国のどんなコトバなの？

　その前に、先ずシュメール Sumer の文明・時代・地理・地名・民族・言語などについて一般的で大まかな情報をご紹介します。

●文明：世界最古と呼ばれるメソポタミア文明の黎明期にして絶頂期。今から約5000年前（日本では縄文時代中期）、世界最古の文明と呼ばれるメソポタミア文明が興りましたが、突然その南部に於いて世界最高の技術・知識レベルを誇るシュメール文明が花開きました。天文学・数学・文字・法律・医術・造船技術・航海術など……何から何までです。中には現代に匹敵する程のものもありました。もちろん、そ

の技術と知識はすべて彼らを科学的に創造した神々と呼ばれしアヌンナキ Anunnaki「天空より飛来した人々」から教わったものでした。

　ですから、神々であるアヌンナキレベルでは遺伝子組み換えやクローン技術も発達していました。当然、神々の乗り物は宇宙船で、今で言うところの「UFO」になります。（参考：南メソポタミアのウバイド期6500年頃〜、ウルク期4000年頃〜）

●時代：BC3000年頃（初期王朝）〜BC2004年（ウル第３王朝）迄の約1000年間

　　（参考：縄文時代中期に当たる）

●地理：今のイラクの南部。チグリス河とユーフラティス河の合流点から南のペルシャ湾に至るまでの肥沃なデルタ地帯。シュメール人はこの地帯を「Ki en gi（葦の主の地）」と呼んでいました。

　　（参考：緯度は九州と比べてほんの少しだけ低く、大体福岡県の博多から鹿児島県の最南端までの広がりです。また、日本までは直線距離にして約8000kmあります）

古代シュメールの領土（『メソポタミア文明展』作図。）

●地名：Sumeru（スメル）。シュメールを滅ぼした北のアッカド人による呼称です。

　Sumer（シュメール）はあくまでも英語の表記表音 {Sumer（スメル）はラテン語の表音}

★ki-en-gi（キ・エン・ギ　高貴なる王たちの土地）。シュメール人による呼称。

●人種：シュメール人というのは北のアッカド人による呼称であり、シュメール人は自らを「Un sag gig-ga（ウンサン・ギガ：頭の黒い人たち）」と呼んでいました。髪の毛も目の色も日本人と同じように黒かったようです。また、その出自については正確に「混ぜ合わされし者たち」と自称していました。

●民族：何処からやって来たのか、何処へ消えて行ったのかも不詳です。恩師である川崎真治先生の説では、大型の外洋帆船マグルやウリツムに乗って大挙して古代日本（縄文時代中期〜後期・晩期）にやって来ていたとのことです。しかし、それだけでは古代の日本史を解明することは適わないと思います。それは、シュメール人だけが移動していた訳ではないからです。もっと重要な役割を持った「人々」が歴史を動かしていたからです。ともかく、シュメール人は謎めいた民族なのです。

　➡終章ではその「歴史を動かしていた「人々」」の真実に迫ります。

●言語：Sumerian（シュメール語）と呼ばれていますが、あくまでも独立（孤立）した言語体系を持っており、同時代の近隣の諸言語との関連性は低いと言われています。セム語族でもなければ印欧語族でもない、どちらかと言えばウラルアルタイ語族の特徴を多く備えているようです。もちろん、消滅した今では古典言語扱いされています。そんな中で、一般的に言われている日本語との共通性を5個紹介してみたいと思います。少しは自説「大和言葉は100％シュメール語である！」の参考になるかも知れません。

第1章：日本語って、どんなコトバ？

〈日本語との共通性を5個〉

1．同音異義語が多い。

　日本語のいろは48字と比べて、シュメール語のアルファベットは僅か17字（c，f，j，o，q，v，w，x，yの9字がない。Cf. 英語は26字）しかない省エネ言語ですが、それで約4000語も言い表すので、当然同音異義語が多くなります。そこで、その使用頻度に応じて右下に数字を記しています。例えば、「du（する・行う）」などはdu_{24}までもあるのです。片や日本語は、例えば「はし hashi」は「箸・端・橋・嘴・階梯・波子」など多くてせいぜい6〜7個くらいです。同音異義語が多いと言っても、桁が違います。もっとも、英語の by・in・of・to・with などの前置詞は意味が10や20近くもあるのがざらですから。

2．文章が「主語＋目的語＋他動詞」の構成になっている。

　要は、話を最後まで聞かないと話し手（書き手）の意志がわからないのです。

3．膠着語である。

　つまり、「て・に・を・は」などの助詞・助動詞を使用する。これには日本語や朝鮮語やウラルアルタイ語族がそうです。

4．能格を持たない。

　つまり、目的語を取る他動詞の主語だけが別の扱いを受けるということです。ですから、自動詞の主語と他動詞の目的語が同列に扱われてしまいます。説明が少し厄介なので、参考程度に。

5．冠詞や性別がない。

　煩わしさがなく、ある意味大変便利です。

　上記の5項目はあくまでも一般的な説であって、いざ「大和言葉は

100％シュメール語である！」（自説）ことを証明するとなると、下記の３項目で十分かなと思います。

　１．音と響き（音韻）が同じか似ていること。（最重要！）
　２．意味が同じか似ていること。（最重要！　１と切り離せない）
　３．日常的な言葉が似ていること。

　しかし、これだけでは簡単に錬金術師みたいに「大和言葉は100％シュメール語である！」にはなりません。それには、古代史学上及び言語学上の定説を覆すような衝撃的な何かがないと始まらないのです。では、その「衝撃的な何か」とは一体何なのでしょうか？
　➡それは「終章」までお待ちくださいませ。ダメですよ、絶対ダメですよ！「終章」を先に読んじゃダメですよ〜！

●文字表記：当初は粘土板に絵文字（古拙文字）を刻んでいましたが、その後楔形文字を刻むようになります。
　アッシリアにあるアッシュールバニパル王の図書館には「驚異の歴史」を刻んだ粘土板が１万数千点所蔵保管されているとのことです。それを世界で最初に読み解いて世に出したのがかの有名な言語学者ゼカリア・シッチン氏です。

　今から約45万年前に外宇宙からニビル星が土星の引力に引っ張られて太陽系に入り、やがては地球の母星であるティアマトと衝突したなどと言う驚天動地の「地球創世神話」が生まれたのはここからです。そのニビル星の住人が「アヌンナキ（Anunnaki：天空より飛来した人々）」と呼ばれ、記紀や神道の神々となった（なっている）という驚愕の解析も実はシッチン氏の解読をベースとしているのです（参照：拙著『縄文土器は神社だった！』）。ですから、「大和言葉は100％シュメール語である！」を含めた筆者の研究もある意味ではシッチン氏の解析内容の賜物でもあるのです。

第1章：日本語って、どんなコトバ？

　では、既に今から約4000年前（第一王朝滅亡）に滅びたはずのシュメール人は何処に消えてしまったのでしょうか？　また、彼等のシュメール語はその後どうなったのでしょうか？　死語・廃語にならずに、姿かたちを変えてどこかの国の言語・コトバとなって生き長らえているのでしょうか？

第2章：文字は歴史と文化と宗教の集大成！

① 縄文のオーパーツ「ヌヌズ土器」が語る真実とは？

先ず「オーパーツ」とは、そこに在ってはいけない「場違いな（out-of-place）人工物（artifacts）」のことで、その頭文字を取って並べ「o-o-p-art-s：オーパーツ」としたものです。歴史、特に古代史の既成概念を根底から覆す出土物・発見物を表す造語で、1990年代初頭に作られました。（参考図書：『オーパーツの謎』南山宏、二見書房）

「文字は歴史と文化と宗教の集大成である」――これは比較言語学を学ぶ上での私のモットーです。ですから、文字を見れば、その国の歴史と文化と宗教がある程度は手に取るようにわかります。私の知る限り、日本最古級の、今から約5000年前の文字は長野県諏訪郡原村の小さな名もなき収蔵庫にあります。

全く無名な土器ですが、日本の考古学・言語学史を100％塗り替える驚異の情報を秘めています。先程言い及んだ「衝撃的な何か」とは、実はこの「ヌヌズ土器」だったのです。

考古学会の定説「縄文時代に文字は無かった」などという愚かな学説などは吹っ飛んでしまいます。さ、縄文のオーパーツ「ヌヌズ土器」をとくとご覧ください。（拙著『縄文土器は神社だった！』で日本初公開）

第 2 章：文字は歴史と文化と宗教の集大成！

縄文のオーパーツ「ヌヌズ土器」
長野県南平（みなみていら）遺跡・
中期 BC3000年

縄文のオーパーツ「ヌヌズ土器」青森県
泉山遺跡・中期 BC3000年
青森県立郷土館蔵 風韻コレクションより。

　私の命名は「ヌヌズ（nunuz）土器」！　なんと驚くなかれ、上記左側の土器の中央に施文された○が縦に2個並ぶ「8」はただの文様や記号ではなく、実は歴（れっき）とした縄文語化された「文字」、それも辞書にきちっと載っている正真正銘の「古代シュメール語」だったのです!!

　極めて大切なので今一度声を大にしてで言わせて頂きます。

●長野県原村の南平（みなみていら）遺跡（中期 BC3000年頃）出土の土器には、由緒正しき「古代シュメール語」（BC3000年頃）が施文されていた！

　古代シュメール語!?　世界最古といわれる古代メソポタミア文明のシュメール語!?

　んなバカな！　と皆さん思いたいですよね。だって、直線距離にして約8000kmも離れており、それに本家のシュメール語はまだ生まれたばかりの言葉なのに、もう既に縄文土器に施文されているんですからね。そんなのあり得ないですよ。でも現実にはそんな土器が何点もあるんです。まさに時空を超えた話ですね。だから「オーパーツ土器」なんですよ。信じられない気持ちは充分にわかりますが…。でも

ね、事実は事実ですから、尊重しなければなりませんね。

　その学術的な証拠ですが、『日本語―セム語族比較字典』（国際語学社　飯島紀編著）の p83 と、Sumeian Lexicon （Logogram Publishing, J. A. Halloran, Professor of Assyriology, UCLA）の p212 に載っています。因みに、飯島紀（おさむ）氏は実直で偉大な学者です。ですから、信頼できる情報なのです。

　○が縦に２個並んで丸味を帯びた「⊗」はただの文様ではなかったのです。今の今まで万人（ばんにん）に信じられてきた考古学会の学説「文様とは土器の表面を飾るものであり、装飾の域を出るものではない」などは、この事実の前にあっけなく崩れ去ってしまいました。だから、既存の考古学史を覆す革命的な土器なのです。だから「オーパーツ土器」なのです。だから、上述の『縄文土器は神社だった！』に特筆事項として発表したのです。
　余りにもすごい発見なので、いの一番に地元メディアに働きかけましたが、注目度が極めて低かったのはマスメディアを筆頭に考古学会の先生方や教育委員会の方々の先入観と偏見と固定観念の為せる業かと思います。無視した方が彼らの立場が脅かされるような事にはならないでしょうから。「見ざる・聞かざる・言わざる」と言いますから…。

　それはさて置き、一番気になりますその意味とは？　今から約5000年前の縄文人が、実際に使っていた縄文語化された古代シュメール語ですから気になりますよね〜⁉

　➡答え：「⊗ nunuz（ヌヌズ）：卵・子孫・女性」！｛ここでは「子孫（繁栄）」の意味｝

第2章：文字は歴史と文化と宗教の集大成！

| 子孫（卵） | lipu NUNUZU |

{出典：『日本語—セム語族比較字典』（国際語学社　飯島紀編著）p83を参照にイラスト作成。}
（注：本文では「ヌヌズ」の表記は Sumeian Lexicon に従い 'nunuz' を採用しました）

〇縄文土器（縄文中期、BC3000年頃）に施文された文様「⊛」：
　＝シュメール語（BC3000年頃）「⊛ nunuz（ヌヌズ）：子孫（繁栄）」を縄文語化したもの！

（因みに、この考古学的・歴史的事実によって日本語の辞書も大きく書き換えざるを得なくなるかと思います。ネット検索しますと、日本語を書き留めた日本最古の辞書は『新名（にいな）』（682年：天武11年）といい、44巻からなる超大作ですが、既に消失しているとのこと。そこで、現存している最古の日本語の辞書は『篆隷万象名義（てんれいばんしょうめいぎ）』（830年：天長7年）というそうです。こちらも30巻からなる超大作で、かの有名な空海によるものとされています。それを見ると漢字ばかりですが、はたして現実問題として、それよりも約4000年も古い縄文語化したこの「⊛ヌヌズ：子孫（繁栄）」文字を日本最古の日本語として採用する勇気ある正統派の出版社は出てくるでしょうか？）

（ここであっと驚く知見を一つ：この日本最古の文字「nunuz ヌヌズ：子孫（繁栄）」は、実は皆さんの想像を遥かに超えて、実際に漢字となって、つまり日本語となって今の現代に継承されていたのです！　それが地名・人名・神社名の「禰津（ねつ）」「根津（ねず）」などです。以下はその音韻転訛の過程と転訛先の漢字神社名です。縄文人が移動した動線を垣間見ることができます。

●禰津（ネツ）：子孫

　　　　　nunuz （ヌヌズ　子孫）

　　　　　nunuzu（zu：語尾の母音語化は「神の法則」）

　　　　'　nuzu

　　　　　nezu（ネズ　根津：新潟県十日町市の人名、東京
　　　　　　　　都の神社名）

　　　　　netu（ネツ　禰津：長野県小県（ちいさがた）郡
　　　　　　　　の地名）

　　　　　祢津：長野県上田市や東御（とうみ）市の
　　　　　　　　地名）

　　　　　{neti（ネチ　根知：新潟県糸魚川市の地名）}

　　　　　notsu（ノツ　野津：大分県大野郡の野津院名。他、
　　　　　　　　圧倒的に多い島根県の地名）（参考：のづ・
　　　　　　　　のず・やつ・やづ）

　少し調べただけでも、長野県原村が起源の「nunuz：ヌヌズ　子孫」
は、上は新潟県、下は東京、西は島根県・大分県と広く全国的に伝
播・拡散していることがわかります。そうです。九州の大分県にある
野津原（のつはる）神社（大分県大分市野津原1757）の「野津
（notu：のつ）」もそうです。それが本当に古代シュメール語の「nunuz
（ヌヌズ）：子孫」の漢字化かどうかは、その神社の祭神を見ればわか
ります。祭神：素戔嗚尊・加藤清正霊・菊理比咩尊・菅原道真霊四
座・加具土神・佐田比古命・建御名命・大歳神二座・大山津見命・蛭
児命・大国主命・大物主命の12柱となっています。（但し、加藤清正
霊と菅原道真霊四座は神ではない）。その神社名に違（たが）わず、
伊邪那岐尊と伊邪那美尊から生まれた「子孫：nunuz ヌヌズ」の八百
万の神々が数多く合祀されているのが決め手になります。まさしく、
日本最古のシュメール語「nunuz：ヌヌズ　子孫」の「子孫」という
ことになります。当然のこと、漢字「野津（notu：のつ）」だけでは
歴史の真実はまるでわからないということです。

第２章：文字は歴史と文化と宗教の集大成！

　実は、何もこんな難しくて複雑な地名・人名・神社名などの具体例を挙げなくても、「nunuz（ヌヌズ）」には「子孫」の意味以外にももっと身近で易しい意味があるのです。こちらを先に紹介すれば良かったですね（反省）。上記の Sumeian Lexicon（『シュメール語辞典』）には他にも「卵」・「女」の意味が載っています。それでは、シュメール語の「nunuz（ヌヌズ）」が音韻転訛して、本当に日本語の「卵」・「女」になるのかどうか見てみましょう。

●卵（タマゴ）：卵
　　　　　　nunuz　　（卵）
　　　　　　nunuzu　（-u：語尾の母音語化は「神の法則」）
　　　　　　dumugu（n-d, n-m, z-g：グリムの法則）
　　　　　　tumago（d-t：グリムの法則）
　　　　　　tamago（タマゴ　卵）

●女（オンナ）：女
　　　　　　nunuz　　（女）
　　　　　　nunuzu　（-u：語尾の母音語化は「神の法則」）
　　　　　　mun'du（n-m, z-d：グリムの法則）
　　　　　　'unnu（d-n：グリムの法則）
　　　　　　onna（オンナ　女）

　どうですか？ちゃんとなりましたね！グリムの法則に従うとシュメール語の「卵」・「女」がそれぞれ日本語の「卵」・「女」に音韻転訛しているということがお分かり願えたかと思います。

　➡「日本語とは漢字の皮を被ったシュメール語である！」（自説）
　➡「日本語で一番大事なものは、漢字ではなく「音韻」である‼」

　一昔、「芸能人は歯が命！」というコマーシャルがありましたが、比較言語学では「音韻が命」なのです。是非ともご理解頂きたいもの

です。）

　話を戻します。

　もちろん、この土器一点だけですと何かの偶然 or 間違えでそんな文様になってしまったんだよと学会の先生方や学芸員の方が必ず屁理屈をこくと思うのですが、実は同類の土器は他にも数多くあるのです。学者・大学教授や博物館館長・学芸員の方は「文様」というものが全く読めませんから気付かなかった（気付こうとしなかった）だけの話です。➡そのお陰で、「ヌヌズ土器の第一解読者」という名誉が筆者の肩書に加えられました。感謝。

　前記右側の土器（p.21）は同じ「ヌヌズ土器」ですが、青森県三戸町泉山遺跡（中期）出土のものです。横になった「∞」の連続体ですが、意味は同じで「子孫（繁栄）」です。（因みに、縄文土器・土偶の造形と文様を読み解く為の一般法則「神々の文字・記号・数詞の法則」につきましては既に確立済みで、拙著『縄文土器は神社である！』（ヒカルランド）をご覧ください）

　では、なぜ時空を超えた古代シュメールの文字が今から5000年前（BC3000年頃）の縄文土器に施文されているのでしょうか？

　だっておかしいじゃないですか。矛盾しているじゃないですか。シュメール人はBC3000年頃に登場してきたばかりの人達なのに、直ぐに、同じ時代の縄文時代にいて、縄文土器にシュメール語を刻める（施文する）訳ないじゃないですか？　それに、距離差約8000㎞はどう説明するんですか？　時系列的におかしいじゃないですか？　そんなこと小学生だってわかりますよ！

〇年代測定が間違ってるんじゃないの？　➡いいえ、間違ってはいません。
〇（縄文）考古学会の先生方の頭が悪いんじゃないの？　➡そんなことは…。

第2章:文字は歴史と文化と宗教の集大成！

〇それじゃ説明にならないじゃないの？　➡いや、あの…。

　なんてムダなやり取りが聞こえて来そうですが、「見る目もなければ感じる力もない、ましてやそこに情報が刻まれor施文されていても、それを正しく読み解く為の学問的な手段・手法を学ばない」人達にその矛盾点を答えろという方が酷な要求かもしれませんね。彼等だって「文様は土器の表面を飾るものであって、装飾の域を出るものではない」という誤った洗脳教育の「申し子」なのですから…。

　では、どこに行って、誰に聞けばいいのでしょうか？　そんな天才的な人なんてこの世の中にいるんでしょうか？

　➡答え：おります！

　でも、その前にもう一点「革命的な基準土器：ウパラ土器」も見てみましょう。長野県伊那市から採取されたものです。2019年夏の東博の特別縄文展「１万年の美の鼓動」に出展されていた撮影OKの縄文中期（BC3000年頃）の土器です。そうです。先程の「ヌヌズ土器」と時代も出土区域も同じ、これまた革命的な土器です。

長野県伊那市採取の「ウパラ土器」
（中期BC3000年頃）

拙著『縄文土器は神社だった！』
表紙画像

「ウパラ土器」。初めてこの名を聞く方も多いかと思いますが、この

土器が日本中にある全ての土器（特に、火焔型土器）の文様を読み解く為の基準土器であると言っても過言ではありません。この土器の存在に付きましては、恩師である故川崎真治先生が既に今から20年程前に紹介して下さっています。（『日本の史記』風濤社）

そこに施文された詳細な神々の情報に付きましては拙著『縄文土器は神社だった！』（前ページ画像右：ヒカルランド）に譲りますが、手短に説明します。

中央の上から下に：
● 「ウパラ（u-pa-la）」：「◎（u：神）シュメール語」
「⊹（pa：神）バビロニア語」
「⊬（la：神）シュメール語」

そうです。世界最古の文明と呼ばれる古代メソポタミア文明（BC3000年頃）の正真正銘の「文字」です。正確には、縄文語化された古代シュメール語とバビロニア語です。

その３つの文字は先述のシュメール語辞典やアッカド語辞典などで誰にでも確認することが出来ます。
（因みに、上記の2019年夏の東博の特別縄文展「１万年の美の鼓動」が行われていた最中、筆者は「ウパラ（u-pa-la）土器」の真実を１人でも多くの人達に伝え広めようと、同時並行で８月という真夏の丸一ヶ月間、学会員の岩本栄一さんのご協力を得て、直ぐ近くの東京都美術館で必死になって講演会を行いました。しかし、現実は非常に厳しいもので、東博の人出は約35万5000人、対するこちらは数十人…。トホホ…。）

では、どうして縄文土器に時空を超えた古代メソポタミア文明の文字が刻まれているのでしょうか？
TVもラジオも無ければ、スマホもインターネットも無い時代です。

何故でしょうか？

➡️答え：既に、古代シュメール人が大型の外洋帆船マグルやウリツム（全長約15m、幅4.27m、総トン数33.6トン）に乗って大挙して縄文時代の日本にやって来ていたからです！

かつてそれを証明しようとした冒険家・研究家の岩田明氏もおりました。（『消えたシュメール人の謎』徳間書店）

民族が移動すれば言葉も文化も移動します！　彼らが信奉している神様だって移動します！

問題の縄文土器にハッキリと古代シュメール語とバビロニア語で「ウパラ（神・神・神）」と刻まれている（施文）されている。

➡️ということは、私たちの祖先である縄文人はこれら「異教の神々」を祈り奉っていた！　ということです。その神々が縄文土器に施文されているということです。

つまり、「縄文土器は神社である！」ということです。それが拙著のタイトルにもなっている所以（ゆえん）です。

驚くなかれ、比較言語学で分析すれば、縄文人が祈り奉っていたその「ウパラ」の３柱の神々の名前までもがわかるのです！　➡️詳しくは上記の拙著で。

これでおわかり頂けたでしょうか？　既に縄文時代中期にはシュメール人が大型の外洋帆船マグルやウリツムに乗って古代の日本に大挙してやって来ていたことが。だから、縄文人達は高度に文明が進化していたシュメール人との異文化交流をしていたのです。当然、シュメール語もシュメールの神々のことも学びます。縄文土器にシュメールの神々のことが刻まれ or 施文されているのはその為なのです。

という訳でこれまで長々と述べてきましたが、すべては「大和言葉は100％シュメール語である！」（自説）の布石だったのです。今から約5000年前頃（縄文時代中期）から古代シュメール語「ヌヌズ

（nunuz：子孫繁栄）」が実際に使われ、それ以後もシュメール語・バビロニア語が施文されている縄文土器が全国に沢山出土している訳ですから、それが途中途切れることなく弥生・古墳（大和）・飛鳥・奈良・平安そして現代へと連綿と続いていても何の不思議もないのです。コトバは人間の営みの一部ですから…。第2章のタイトルにもある通り、「文字は歴史と文化と宗教の集大成」なのです。ですから、「文字」を見ればその国の歴史と文化と宗教が大体手に取るようにわかるのです。

　ですから、古墳（大和）時代の宮中で始まったとされる大和言葉の祖語がシュメール語であったとしても、そしてそれが飛鳥・奈良・平安時代の宮中で使われ続け、そしてそれが現在の日本語となっていたとしても何の不思議もないのです。皆さんはこれからその歴史的事実を、比較言語学による解析を通して沢山、それも嫌というほど目の当たりにすることでしょう。さ、心の準備はよろしいですか？

② 二つの確認事項：「神の法則」
　「シュメール人、髷（まげ）を結い下駄を履いたら日本人!?」

　では、これから「大和言葉は100％シュメール語である！」ことを証明するために具体的な大和言葉のシュメール語解析を進めて参ります。でも、その前に確認しなければならない項目が2点あります。これを無視したらもう学問ではなくなります。楽しい学問とは呼べません。ただの「こじつけ」になってしまいます。
　その前に、ほんの少しだけ「比較言語学」の方法論についてお話しします。
　先ず、比較言語学というものは、方法論的には音韻（おんいん）論・意味論・形態論・統語論・語用論という「五論」と、音声学・記号学・個別の言語学という「三学」の「五論三学」からなっています。個人的にはその中で「音韻論」と「意味論」の2点が一番重要かつ実践的であると思います。

以前、日本語とシュメール語の共通点の中で重要なのは個人的には、

1．音と響き（音韻）が同じか似ていること。（最重要！）
2．意味が同じか似ていること。（最重要！　1と切り離せない）

と書きましたが、〈1〉は音韻論のことで、〈2〉は意味論のことになります。
　ですから、これからその2点についてポイントだけをお話しします。世界があっと驚く「神の法則」は実はこの中にあります！

●1．音韻が同じか似ていること（「音韻論」）：音韻転訛の過程が自然であること。「グリムの法則」に基づいた音韻転訛（おんいんてんか）の過程が妥当であること。

　先ず、音韻転訛を語るには「グリムの法則」という一般法則は避けて通ることは出来ませんので、この余り聞きなれない法則について少し紹介します。

　人類は太古の昔より移動性の民族です。民族が移動すれば、その移動した先々で言葉が少しずつ訛（なま）って行きます（例外もありますが）。これを法則化したものを「グリムの法則」と言います。

　そうです。グリム童話で有名なグリム兄弟の兄ヤコブが発見した法則です。「転訛（てんか）の法則」とも言います。比較言語学の音韻転訛は概ねこれを基準としています。コトバには基本的な母音とそれ以外の子音の二つがありますが、後者の子音の転訛のについての法則です。こんな感じです。

p－t－s－k　　（無声音の子音の場合）（「グリムの法則」or「転訛の法則」）
｜×｜×｜×｜
b－d－z－g　　（有声音の子音の場合）

★無声音の子音の場合：すぐ隣の子音に転訛して行く傾向があります。

　p は t に、t は s に、s は k に転訛して行く傾向があります。

★有声音の子音の場合：すぐ隣の子音に転訛して行く傾向があります。

　b は d に、d は z に、z は g に転訛して行く傾向があります。

　また、無声音の子音から有声音の子音に、有声音の子音から有声音の子音へと割と大胆に転訛して行く傾向もあります。（上図の縦線｜・×線がそれです）

　例えば、日本語の「神 kami」や「君 kimi」ですが、「グリムの法則」を通すとこんな感じになります。

　例：dingir（ディンギル：神）（シュメール語）

　　　gi' mi'（d-g, g-m：「グリムの法則」の応用）（n, r は縮音：頻
　　　　　　繁に起こる）

　　　kimi　（キミ　君）（日本語）（g-k：「グリムの法則」の応用）

　　　kami　（カミ　神）（日本語）（i-a：母音転訛）

　これを見るとわかるように、時空を超えたはずのシュメール語の「dingir：ディンギル　神」が日本に移動してくると、つまりシュメール人が日本に移動してくると「gimi」➡「kimi キミ：君」➡「kami カミ：神」と転訛するのです。これで日本語「神」の祖語がシュメール語「dingir ディンギル：神」であることが説明できるのです。どうですか？　簡単でしょう⁉

　加えて、日本語の場合は母音言語ですから、故オードリー・ヘップバーン主演の『マイ・フェアレディ』（1964年）の中に出てくる音叉を使った実験にあるように、自然に i－e－u－a－o と転訛して行く傾向があるのです。つまり、大和言葉を筆頭とする日本語という「コトバの DNA 診断」には母音と子音の両方の転訛を考えなければならな

いのでかなり厄介なのです。でも、そこが楽しいのです。

　　　　（参考：Facebook「神々の古代史　SN6」の〈桂樹通信：「コトバのDNA診断士」〉。筆者の投稿記事が閲覧できます）

　しかし、こんなことよりももっと大事な法則があるのです！　4年間で約5000例もの日本語のシュメール語解析を行ってきた筆者ならではの「神の法則」というものがあるのです！　誰にも教わった訳ではありません。苦労して解析する中で自然に身に付いたものです。この簡単な「神の法則」さえ身に付ければ鬼に金棒です！「グリムの法則」（＝「転訛の法則」）がスムーズに運びます。こんな感じです。

●シュメール語の語尾に「u：神」を付けて母音語化する
　　➡すると、日本語になる!!
　　➡これぞ「神の法則」。

　え、たったこれだけで⁉　と思うでしょう？　でも、この小さな「神の法則」がシュメール語解析をする際に威力を発揮するのです！にわかには信じられないかと思いますので、具体例を挙げて説明します。
　東北地方の古い呼び名の「陸奥」です。「mutsu　ムツ」と読みますが、どうしてそう読むのと聞かれると、誰もわかりません。それもその筈、元々、シュメール語だからです。ここで「神の法則」が登場してくるのです。

　例：陸奥（mutsu　ムツ）（日本語）

　　　sig（シグ　深い）（シュメール語）
　　　sigu（「u：神」という母音を付ける。「神の法則」。ここがミソである！）
　　　zidu（s-z, g-d：「グリムの法則」）
　　　didu（z-d：「グリムの法則」）

mitu （d-m, d-t：「グリムの法則」）

mutsu （ムツ　陸奥）（日本語）

　どうですか？　音韻転訛の過程が少しは理解できましたでしょうか？

　シュメール語の「sig（シグ　深い）」が「神の法則」によって「sigu　シグ」となり、それが「グリムの法則」によって「zidu」➡「didu」➡「mitu」と次々に転訛し、そして最後に日本語の「mutsu（ムツ　陸奥）」になることを！　思ったよりも簡単でしょう？（尤も、最初の祖語「sig（シグ　深い）」を見つけ出すには経験と慣れが必要ですが…。）

　如何でしたか？「陸奥：mutsu」の音韻を、つまり祖語を読み解くには、「神の法則」（語尾の母音語化）と「グリムの法則」（転訛の法則）の両者のコラボが絶対条件であることがお分かり願えましたでしょうか？　それさえ理解すれば、大和言葉が時空を超えたシュメール語から音韻転訛したものであることが容易に理解できるかと思います。

　　　（解釈：「陸奥（ムツ）」とは京の都から見て「奥深い」ところにある「陸の奥」のことですが、その「奥」には「深い・奥深い」という意味もあるので、祖語であるシュメール語では「sig（シグ　深い）」と言い表すのです。すると、「mutsu（ムツ　陸奥）」という音韻と意味は音韻転訛の過程を幾つか経ると、100％シュメール語であることがわかるのだ。➡「日本語とは漢字の皮を被ったシュメール語である！」（持論））

　　　（知見：生まれて初めて「陸奥」という漢字を見た時、「むつ　mutsu」と直ぐ読める人はいないと思います。知っているから「むつ」と読めるのです。では、どうして「むつ」と読むのでしょうか？　残念ながら、どんな国語辞典のどこを探してもそんな説明は載っていません！　悲しいことに、比較言語学の音韻論に基づいた辞

書・辞典の類は皆無だからです。ですから、筆者の「日本語―シュメール語説」が理解されようになれば、今後、音韻論に基づいた日本語の辞典・辞書作りが急務となります（日本語だけではなく、英語・フランス語・ドイツ語を筆頭として殆んど全ての辞書・辞典は書き換えることになります）。

　皆さんが聖書のごとく信奉している三部作『字訓』『字統』『字通』（白川静（しずか）著：毎日出版文化勲賞特別賞受章者）にも載っていません。それを、陸の呉音がロクであり、古代の公文書では数詞の六（ろく）を陸と書いていて、六は「むつ」とも読むので「陸奥」を「むつ」と読むのだとする俗説もありますが、苦しい屁理屈に過ぎないような気がします。では、「奥（つ）」にはどんな屁理屈を付けるつもりなのでしょうか？

　所詮、日本語は日本語ではなくシュメール語が祖語なので、どれだけ日本語で説明しようとしても無理があります。限界があります。上述のように、大和言葉を筆頭とする日本語の語源がシュメール語であることを理解すれば、「陸奥」を「むつ：mutsu」と読む理由がいとも簡単にわかるかと思います。

　因みに、「陸奥」という漢字表記は実に良くできたイメージ言語だと感心します。京の都から見たら、「陸奥」（今の福島県・宮城県・岩手県・青森県）は陸地の奥深いところにあるので「陸奥」と表記したのです。でも、発音・読みは「むつ：mutsu」です。シュメール語の「sig（シグ：深い）」が音韻転訛した音と響き、つまり音韻です。ということは、「mutsu：むつ」と読める人（役人・僧侶？）が当時いたということです。ということは、律令制度が始まった第41代持統天皇の時代（8世紀初頭）には既にシュメール語を多少なりとも理解できる人がいた！　ということになります。ということは、1300年以上も経っているのに私たち現代人は彼らよりも「無知」ということになります！

嫌だ〜、絶対にイヤだ〜！　知性に於いては、情報に於いては8世紀初頭の白鳳時代の過去の人間よりも現代人のレベルが低いとは〜！皆さん、どうします？「罪の意識のない無知な人間」として扱われてもいいんですか？　さぁ、どうします？　筆者ならご免こうむりますね。（笑）

　➡実は、この語尾の「母音語化」が最終章の「YAP遺伝子」へと繋がって行くと考えられるのですが、それはまた後にしましょう。

　次に、実は、上記の「語尾の母音語化（「神の法則」）」の他に、もう一つ重要な法則があるのです。それがこれです。

○母音で始まるシュメール語に子音の「冠詞音」を付ける（慣習法）！　➡日本語になる！

　こちらの「冠詞音」の法則も些細なことですが、シュメール語解析に於いては非常に大切なのです。具体例を挙げて説明します。夏から秋にかけて空を彩る「蜻蛉（tonbo　トンボ）」です。

　例：蜻蛉（tonbo　トンボ）（日本語）
　　　t-igi bu（目・（風が）吹く）（シュメール語）（t-：冠詞音）
　　　t-omi bo（i-o, g-m：母音と子音の転訛）
　　　tom'-bo
　　　ton-bo
　　　tonbo（トンボ　蜻蛉）

　どうですか？　母音で始まるシュメール語の「igi（イギ　目）」に冠詞音の「t-」を付けるだけで、皆さんの想像を超えてトンボの「tonトン」になるのです。面白いでしょう？

　　　（解釈：「蜻蛉（トンボ）」と言えば、デカい「目」をして、

第2章:文字は歴史と文化と宗教の集大成!

特にデカいオニヤンマなどは「風が吹く」ようにブ〜ンブ〜ンと羽根音を立てながら飛んでくるので「t-igi bu:目・(風が)吹く」と言い表すのだ。つまり、「tonbo トンボ:蜻蛉」という音韻と意味は100％シュメール語であることがわかるのです。だから、「日本語とは漢字の皮を被ったシュメール語である!」(持論)と言えるのです。

このように、トンボという対象物の「どこを・どう切り取るか」でその民族性が表れ、言語が異なってくるのです。日本人は漢字を借りて、トンボを「蜻＝青い虫」・「令(良い)・虫＝蛉」、つまり「青い色をした、人を刺さない良い昆虫」と言い表す、つまり「蜻蛉」(麦わらトンボ?)と言い表すのです。片や、シュメール人は「t-igi bu(目・(風が)吹く)」、つまり「デカい目をして風を吹きながら飛んでくる(もの)」と言い表すのです。シュメール人と日本人、物・ものの見方・感じ方がまるで違いますね。だから、面白いのです。「多様性こそは人類の宝」ですからね。

ともあれ、極めて重要なポイントですから今一度言います。

★対象物の「どこを・どう切り取るのか」でその民族性が表れ、言語が異なってくる!

では、上記をまとめますと「冠詞音」と「神の法則」は次のようになります。

★「冠詞音(b，m，tなどの子音)＋シュメール語＋u(神)」➡大和言葉(日本語)!

これを人間に置き換えると、次のようになるかもです。(適切ではないかも…)

★「シュメール人、髷(まげ)を結い、下駄を履いたら日本人!?」て

37

な感じでしょうか。

では、次に移ります。

● 2．意味が同じか似ていること（「意味論」）：

　どれだけ音韻が同じでも or 似ていても、シュメール語自体がアルファベット僅か17文字（c, f, j, o, q：v, w, x, y の 9 文字がない！）の言語なので、しかもそれで日本語（48文字）と同じように色々な事柄を表そうとするものですから、当然「同音多義語」にならざるを得ないのです。ですから、当然一つの音に対しても違った意味が 5 個や10個はあるのです。ですから、最終的に（大体でも）意味が合わなければ（合致しなければ）その解析は誤りとなります。ですから、それを捨てる勇気を持たなければなりません！　それに固執すると「泥沼地獄」に嵌（はま）ってしまい、もう出られなくなります。筆者も始めはそうでした（笑）。そんな時はサッと諦めて、他の可能性を探すべきなのです。

　それでは、「意味論」の整合例と不整合例の 2 例を見てみましょう。「imi：イミ　雨」と「imin $_{(2. 3)}$：イミン　7 」です。

　　整合例：imi（イミ　雨）（シュメール語）
　　　　　　ami
　　　　　　ame（アメ　雨）（日本語）➡祖語がシュメール語である
　　　　　　ことがわかる。（○）
「imi：イミ　雨」が「ami」➡「ame：アメ　雨」と母音転訛するだけですから、意味も音韻もどちらもすんなり一致しています。とても簡単です。

　　不整合例：imin $_{(2. 3)}$（イミン　7 ）（シュメール語）
　　　　　　　imi'
　　　　　　　ami

ame（アメ　雨）（日本語）➡音韻は同じだが、意味が全く合わない！（×）

たとえ音韻が転訛して同じそうでも、意味論的には「imin (2, 3)：イミン　7」はどう考えても、どうひっくり返しても「雨」にはなりません。「七月の雨」だなんていう屁理屈は通りませんね。

　ということで、「音韻論」と「意味論」の2論を満たすことがシュメール語解析の最低必要条件となることがお分かり頂けましたでしょうか。また、「対象物のどこを・どう切りとるのか」もご理解願えましたでしょうか。

　ところが、「音韻論」と「意味論」の2論を満たすことが必須条件なのですが、実際に解析となると、特に〈少し長い語句〉や〈かなり長い文〉になりますと、日本の「固有名詞」が出てくるのです。もちろん、そのようなものはシュメール語辞典には載ってはいません。頭の使い所です。右脳の出番です。例えばこうです。

　例：牛に引かれて<u>善光寺</u>参り（下線部筆者）

「牛」・「参る」はシュメール語です。「引かれて」は受身形になりますので頭の使い所なのです。問題の固有名詞の「善光寺」はシュメール語にはありませんから、こればかりは「善・光・寺」とバラバラにしてそれぞれ「直訳」するしか手立てはありません。すると、音韻転訛の過程はこんな感じになります。

●善光寺（ゼンコウジ）：善い・善い：光・寺院

du_{10} du_{10}　$pirig_3$ e_2-gal （善い・善い：光・寺院）

zu-mu　　tiri'　　'-ga'（d-z, d-m, p-t：グリムの法則）

ze-n'　　si'　　　dja

zen　　　ki　　　'ji

zen-ko-ji

zenkoji（ゼンコウジ　善光寺）

　どうですか？「善光寺」を「du₁₀ du₁₀ pirig₃ e₂-gal：善い・善い：光・寺院」と直訳すると上手くいくことがわかるでしょう！（いつもこんなに上手くは行きませんけどね……。）

　ついでですから、本文全体もシュメール語解析してみましょう。
　　　　（注：これは上級者用で長いので、スルーしても構いません）

●牛に引かれて善光寺参り（ウシニヒカレテゼンコウジマイリ）：牛・に：引く・引く・反対・する：善い・善い・光・寺院：出かける・祈る

　gud ni-ta zi suh la du₃ du₁₀ du₁₀ pirig₃ e₂-gal ma ir₂（牛・に：引く・引く・反対・する：善い・善い・光・寺院：出かける・祈る）
　gudu-ni-' di ku' le tu zu-mu　　tiri'　　'-ga' ma iru
　'utu-ni　bi-ka　le-te ze-n'　　si'　　dja ma-iri
　usu-ni　hi-ka-le-te　zen　　ki　　　'ji mairi
　ushi-ni　hikalete　　zen　　ko-ji　　mairi
　ushini-hikalete　　zenkoji-mairi
　ushinihikalete-zenkojimairi（ウシニヒカレテ・ゼンコウジマイリ
　　　　　　　　　　　元の音韻と音節）
　ushinihikaletezenkojimairi（ウシニヒカレテ・ゼンコウジマイリ
　　　　　　　　　　　牛にひかれて善光寺参り）

　　　　（参考：「牛に引かれて善光寺参り」とは、「自分の意志からではないのに、思いがけないきっかけから良い行いをすることの喩え」である）
　　　　（解釈：先ず、「牛」は「牛」ですからそのまま「gud：牛」と言い表し、行為者を表す「に」は「ni-ta：〜によって」と言い表し、受動態の「引かれて」は「反対の動作」を表す「la」を使って「zi

第2章：文字は歴史と文化と宗教の集大成！

suh la du$_3$：引く・引く・反対の動作・する」と言い表すのだ。

　次に、固有名詞の「善光寺」は直訳して「du$_{10}$ du$_{10}$ pirig$_3$ e$_2$-gal：善い・善い・光・寺院」と言い表し、最後の「参る」は出かけて祈ることなので「ma ir$_2$：出かける・祈る」と言い表すのだ。これなどは日本語の「参る：mairu」と音韻と意味が全く同じなので、シュメール語であることが一目瞭然なのです。

　すると、「牛にひかれて善光寺参り」とは、「自分の意志からではないのに、思いがけないきっかけから良い行いをすることの喩え」であるのだが、これを祖語であるシュメール語では「gud de$_6$ zi suh la du$_3$ du$_{10}$-du$_{10}$ pirig$_3$ e$_2$-gal ma ir$_2$：牛・に：引く・引く・反対の動作・する：善い・善い・光・寺院：出かける・祈る」と言い表すのだ。これで意味と音韻がほぼ一致するのだ。

　ご覧の通り、てっきり大和言葉だと思えた「牛にひかれて善光寺参り」も終わってみれば100％シュメール語であり、「gud de$_6$ zi suh la du$_3$ du$_{10}$-du$_{10}$ pirig$_3$ e$_2$-gal ma ir$_2$：牛・に：引く・引く・反対の動作・する：善い・善い・光・寺院：出かける・祈る」が音韻転訛したものであることがわかるのだ。

　さ、如何でしたか？「大和言葉」といえども、一語一句、微に入り細に入りシュメール語で対応できる・解析できるものだとは思いませんか？　頭を悩ます固有名詞の「善光寺」も「du$_{10}$ du$_{10}$ pirig$_3$ e$_2$-gal：善い・善い・光・寺院」と直訳すると、ある程度は音韻と意味の両方が通るのです。頭の使い所です。これは上級レベルですから初心者には少しハードルが高かったですね。ま、でもこんな感じです。初級レベルはもっと簡単ですから。

　このように、「音韻論」と「意味論」の両者の無理のないバランスを心がけて臨めば、ある程度は読者の皆様にも楽しんで解析ができるかと思います（もちろん、先に紹介しましたシュメール語辞典２冊は

41

必須条件ですが…)。すると、誰も知らなかった・誰も書けなかった「大和言葉の実像」が見えて来るようになるでしょう。たった1語でもご自分で「大和言葉＝シュメール語」であることが実感できたら、後はもう「かっぱえびせん」です。筆者みたいに「止められない！止まらない！」。毎日が感動の嵐になること請け合いです。(笑)

　さ、出かけよ〜う！　辞典2冊カバンに詰め込んで　恩師が残した熱い想い　母さんがくれたあの眼差し。いざ、「知の大海原」へ！前人未到の領域へ！（ここで『天空の城ラピュタ』「君をのせて」（歌：井上あずみ）が流れる感じで。(笑)）

　誰でも初めは素人です。初めから玄人《くろうと》なんていません。それに、筆者も未だ学びの途中ですから、是非、筆者と共に楽しく学んで行きませんか？　加入先は下記にて。（因みに、「素人 shilouto」も「玄人 kurouto」もシュメール語です）

●筆者が主宰する研究学会：

　Facebook「神々の古代史　SN6」(65人と少人数だけど内容は超ディープ！)
　➡ご入会希望の場合は、お手数でもメッセージを一言添えて下さいませ。

　さて、前置きが随分と長〜くなってしまいました。それではいよいよお待ちかねの「シュメール語による解析実例140語」が始まります。怒濤の解析をとくとお楽しみ下さいませ。心の準備は宜しいですか？

　とは言うものの、シュメール語解析自体が単調なので、筆者のお勧めの読み方はこんな感じです。

★お勧めの読み方：ご自分の好きな大和言葉 or 好きな画像からつま

み食い！
　もし、飽きたら➡第２章④「ちょっと一息」や終章をつまみ食い！

　ともかく、ご自分のペースで、お好きな箇所から読むことをお勧めします。では〈美しい雅な大和言葉その１〉を始めます。

（お詫び：筆者のPCには破擦音を表す際のレ点記号がありませんので、予め（例えば）šu（手）をshu、ša₃（中心）をsha₃と表記してあります。ご理解くださいませ。）

③ 美しい雅な大和言葉その1：シュメール語による解析実例40
　〈短いもの20語〉〈少し長いもの13語〉〈かなり長いもの7文〉

〈短いもの20語〉：
　終日（ひねもす）・たおやか・言ほぐ・たゆたう・たまゆら・うららか・黄昏（たそがれ）・憚（はばか）る・ひだるい・みまかる・竦（すく）める・曙（あけぼの）・鯔背（いなせ）・おおどか・おたふく・ずんぐり・手弱女（たおやめ）・青二才・かまとと・けなげ

１．さ、栄（は）えあるトップを飾るのは与謝蕪村（江戸時代中期の俳人・画家）の一句からです。「春の海　終日のたり　のたりかな」
（下線筆者）

「終日」のたる春の海

●終日（ヒネモス）：豊富・〜迄・日・終わる

he₍₂₎ d-en-na u til （豊富・〜迄・日・終わる）（d-：冠詞音）

hi　de'-ma　o-si'（n-m）

hi　ne-mo　o-su（d-n, t-s：グリムの法則）

hi-nemo　　　osu

hinemo-osu（ヒネモ・オス　元の音韻と音節）

hinemo'su（母音調和による縮音）

hinemosu（ヒネモス　終日）

　うららかな陽光煌めく春の海。一日中ゆったりと寄せては返し、返しては寄せる穏やかな春の海の情景が、そしてそれをぼんやりと眺めながらまどろむ作者の心情が実に的確に捉えられているかと思います。さすがは蕪村だなと思いました。

　せちがらい世の中、何かとストレスの多い世の中です。そんな時は穏やかな春の海に出かけ、心をリフレッシュしてみたくなりませんか？　そして、再充電したら、きっとまた明日からやるぞ〜という気力が湧いて来るかと思うのです。

　　　　（参考：柔らかい響きの「ひねもす：hinemosu)」とは漢字で「終日」と書き、「朝から晩まで。一日中」の意味である）

　　　　（解釈：要は、「終日（ひねもす）」とは、一日が終わるまで（たっぷりと）の意味なので、そのまま単純に「he₍₂₎ d-en-na u til（豊富・〜迄・日・終わる）」（d-：冠詞音）と、つまり「日が暮れるまで目一杯」と言い表すのだ。

　すると、「終日（ひねもす）」とは「朝から晩まで。一日中」の意味であるのだが、それを祖語であるシュメール語では「he₍₂₎ d-en-na u til（豊富・〜迄・日・終わる）」と、つまり「一日が終わる迄たっぷりと」と言い表すのだ。

　どうです？　驚きましたか？　こんな奥ゆかしくて美しい「日本固

第2章：文字は歴史と文化と宗教の集大成！

有の大和言葉」が実はシュメール語そのものである！　などとは想像もできないことかと思います。たまたま偶然だよ！　と否定したくなる気持ちも充分わかります。しかし、これは未だほんの序章に過ぎません。これから抗うことが出来ない程の怒濤の具体例139が皆さんを襲います。心の準備は宜しいでしょうか？（笑）

　皆さんの想像を遥かに超えて、てっきり美しい雅な大和言葉とばかり思えた「終日（ひねもす）」も、ご覧の通り100％シュメール語の「he(2) d-en-na u til：豊富・〜迄・日・終わる」が音韻転訛したものであることがわかるのです。（因みに、その「美しい」も「みやび：雅」も正真正銘のシュメール語です！）

　そんな分析結果など「見ざる・聞かざる・言わざる」でスルーしたい気持ちも充分わかります。でもね、覚えて置くといいかもです：「日本は縄文時代の昔からアヌンナキ王国であり、その歴史と文化と宗教はほぼアヌンナキとシュメール語なのだということを。日本ほどアヌンナキとシュメール語の影響を色濃く残している国は世界に二つとない！」ということを……。（参考図書：拙著『縄文土器は神社である！』ヒカルランド）

　実は、初めからショッキングな事実を突きつけて大変申し訳ないのですが、「春の海　終日のたり　のたりかな」は、実は全てシュメール語なんです！「終日（ひねもす）」だけでなく、「春」も「海」も、「のたり」も「かな」も実は全てシュメール語なんです！　与謝蕪村もこの事を知ったら「終日（ひねもす）」気を失っているかも知れませんね〜。（笑）

　そうです、皆さんが毎日使っているコトバ・日本語がどうやら「シュメール語」らしいのです。本書のタイトルが『大和言葉は古代シュメール語で解説できる！―縄文土器からわかること―』となっているのはこの所以（ゆえん）なのです。本書を読み終えたら（途中でギブしてしまう人もきっといるかとは思いますが）、「なる程！」と合点が

45

いく人が多いかと思います。えっ、もう行きました？　もしそうなら、あなたは「一を聞いて十を知る」仏陀の十大弟子の一人になれるかも、です。（笑）

2．お次は、柔らかな響きでしなやかな動作・身のこなしが目に浮かぶ「たおやか」です。

●たおやか（タオヤカ）：柔らかい・柔らかい

　　　　　　　　　dig dig（柔らかい・柔らかい）（重層語）

　　　　　　　　　digu-digu（g-gu の母音語化は「神の法則」）

　　　　　　　　　tigu-daku（d-t：グリムの法則）

　　　　　　　　　tadju-dyaku（g-dj と音韻転訛します）

　　　　　　　　　ta'jo-'yaka

　　　　　　　　　ta'o-yaka

　　　　　　　　　tao-yaka

　　　　　　　　　taoyaka（タオヤカ　たおやか）

　　　　（参考：風雅な響きの「たおやか」とは、女偏に弱いの「嫋やか」と書き、「姿・動作がしなやかで、優美な様子。淑（しと）やかで美しい様子」のことである。実用例として、「たおやかに舞う」「たおやかに咲く萩の花」（下線筆者）などがある）

　　　　（解釈：「嫋やか」は女偏に弱いと書くが、要は女性の「柔らかな」身のこなし（所作）と淑（しと）やかさを言い表したものなので「dig dig：柔らかい・柔らかい」と言い表すのだ。

　すると、風雅な響きの「たおやか」とは、女偏に弱いの「嫋やか」と書き、「姿・動作がしなやかで、優美な様子。淑（しと）やかで美しい様子」のことであるのだが、それを祖語であるシュメール語では「dig dig：柔らかい・柔らかい」とダブルで言い表すのだ。

　ご覧のように、てっきり優雅で美しい大和言葉だとばかり思えた「たおやか」も、結局その祖語は100％シュメール語であり、「dig dig：柔らかい・柔らかい」の重層語が音韻転訛したものであること

がわかるのです。「大和言葉は100％シュメール語である！」（持論）の強烈なジャブになりますね〜（笑））

　　　　（知見：実はこの「たおやか」のシュメール語「dig dig：柔らかい・柔らかい」の重層語は、別の大和言葉「しなやか」や「淑（しと）やか」や「ゆらゆら」のシュメール語源と全く同一なのです。唯一の違いは音韻転訛の過程だけです。四者の共通イメージは「dig：柔らかい」です。平成のスーパースター山口百恵さんの「しなやかに歌って　淋しい時は　しなやかに歌って　この歌を」（下線筆者）の一節が甦ってきます。もちろん、「歌う」も「淋しい」もシュメール語です）

３．次は、心が解（ほぐ）れるような響きの「言ほぐ」になります。

●言ほぐ（コトホグ）：言う：口・喜び
　　　　　　　　　　du$_{11}$-du$_{11}$ ka si（言う・口・喜び）
　　　　　　　　　　gu-tu kho-di（d-g, s-d：グリムの法則）
　　　　　　　　　　ku-to 'ho -gi
　　　　　　　　　　koto-hogu
　　　　　　　　　　kotohogu（コトホグ　言ほぐ）

　　　　（参考：柔らかで丸みのある響きの「ことほぐ（言祝）」とは、読んで字のごとく「（ことばで祝福する意で）お祝いを述べる。祝って喜びのことばを言う」ことである。実用例として「新春をことほぐ」「長寿をことほぐ」（下線筆者）などがある）
　　　　（解釈：先ず、「言ほぐ」の「言（こと）」とは「言う」のことなので「du$_{11}$-du$_{11}$：言う」と言い表し、「ほぐ（祝ぐ）」は司祭者（弾琴巫術師）が竪琴を弾きながらその「口で喜びを述べて祝う」ことなので「ka si：口・喜び」と言い表すのだ。

　　すると、柔らかで丸みのある響きの「ことほぐ（言祝ぐ）」とは、読んで字のごとく「（ことばで祝福する意で）お祝いを述べる。祝っ

て喜びのことばを言う」ことであるのだが、それを祖語であるシュメール語では「du_{11}-du_{11} ka si：言う：口・喜び」と言い表すのだ。

　ご覧の通り、てっきり大和言葉だと思えた柔らかで丸みのある響きの「ことほぐ」も終わってみれば100％シュメール語であり、「du_{11}-du_{11} ka si：言う：口・喜び」が音韻転訛したものであることがわかるのです。因みに、「尋ねる」も由緒正しきシュメール語です）

　　　　　｛知見：シュメールに栄えた都市国家の一つにラガシュがあるが、そこのグデア王もその名が示すように竪琴（gude グデ）を爪弾いては神意を伺っていたものである。尚、その gude（グデ：竪琴）は上述したように kute ➡ koto（コト：琴）と音韻転訛するのだ。つまり、日本語とばかり思えた「琴」も、実はその祖語はシュメール語「gude（グデ：竪琴）」だったのである｝

　　　　　（知見：FB の「神々の古代史　NS6」の「桂樹通信2020年1月8日号」に既に投稿ずみだが、「ことほぐ（言祝ぐ）koto-hogu」は更に転訛して「ことぶき（寿／壽）koto-buki」になるのだ）

　　　　　（おまけ：「ほぐ hogu」を更に調べてみました。例えば、「ほぐれる」（解れる）。「緊張がほぐれる」などで使います。意味としては、「①からんだり、もつれたりしていたものが解け離れる。②凝り固まっていた気持ちや態度が打ち解けて和らぐ」。すると、あなたの友達や恋人やパートナーや上司などとギクシャクしている人間関係を思い出すかと思います。そんな時こそ、冷静になって相手の良い所を見つけて、素直にその「喜びを口に出して」伝えてみては如何でしょうか？　きっと相手も心を開いてあなたをもっと受け入れてくれるかも知れませんね～）

　さ、お次もまた何だかゆらゆらと柔らかな響きの「たゆたう」です。そんな美しい雅な音の瞑想をしたら、私などはきっとその場でゴオゴオとイビキをかいて寝てしまうかも知れませんね。言い訳は「いや～、「無の瞑想」をしてしまいました～」とかね。（笑）

４．これぞ美しい大和言葉の典型と思われる柔らかで風雅な響きのす

る癒しの言葉「たゆたう」です。

●たゆたう（タユタウ）：柔らかな・柔らかな
dig dig（柔らかな・柔らかな）（重層語）
digu-digu（gu：神の法則）
tadju-taku（g-dj, gu-ku と転訛）
ta'ju-tahu（ku-khu-'hu と転訛）
tayu-ta'u（タユ・タウ　元の音節と音韻）
tayutau（タユタウ　たゆ・たふ）

　　　　　（参考：これぞ大和言葉の典型と思われる柔らかで風雅な響きの「たゆたう」とは「ゆらゆら揺れる。揺れ動く」ことである。実用例として「波にたゆたう小舟」（下線筆者）などがある）
　　　　　（解釈：先ず、プリンのように凄く「（湿って）柔らかな」ので、振動を与えると「ゆらゆらと揺れる」様子が「たゆたう」なのでそのままダブルで「dig dig：柔らかな・柔らかな」と言い表すのだ。
　すると、これぞ大和言葉の典型と思われる柔らかで風雅な響きの「たゆたう」とは「ゆらゆら揺れる。揺れ動く」ことであるのだが、それを祖語であるシュメール語では「dig dig：柔らかな・柔らかな」と言い表すのだ。
　てっきり大和言葉だと思えた「たゆたう」も終わってみれば100％シュメール語であり、「dig-dig：柔らかな・柔らかな」が音韻転訛したものであることがわかるのだ。まさか先程の「たおやか」と同じシュメール語源「dig-dig（柔らかな・柔らかな）」だとは想像もつかなかったとは思いますが、事実です。これが現実です）
　　　　　（参考：「たゆたう」とは「ゆらゆら揺れる。揺れ動く」ことであると書きましたが、実はその「ゆらゆら」も「揺れる」も共にシュメール語です）

５．さて、今度は縄文時代中期に製造が始まったとされる蛇を象った「勾玉」が語源の大和言葉「たまゆら」になります。特に、女神に祈

り奉るイメージが強いかと思います。

●たまゆら（タマユラ）：（勾玉・蛇・蛇女神キ）パートナー・小石・
狭くある

（gu-bi Ki）ta-ba na$_4$　dim$_4$-ma　{（勾玉・蛇・蛇女神キ）パートナー・
　　　　　　　　　　　　　　　　　小石・狭くある}

　　　　　　ta-da na$_4$　du'-na　{（牡牛神ハルの）パートナー・小石：
　　　　　　　　　　　　　　　　　狭くある}

　　　　　　ta-ma ma dyu'-la　（ba-da-na と転訛）

　　　　　　ta-ma　'　dyula

　　　　　　tama　　'yula

　　　　　　tama-yula（タマ・ユラ　元の音韻と音節）

　　　　　　tamayula（タマユラ　たまゆら）

　　　（参考：優美な響きのある「たまゆら（玉響）」とは、「勾玉
同士が触れ合って立てる微妙な音のこと。転じて、ほんのしばらくの
間。一瞬」である。実用例として万葉集11に「たまゆらに昨日の夕
見しものを今日の朝に恋ふべきものか」（下線筆者）などがある）

　　　（解釈：先ず、「勾玉」もシュメール語であり、「gu-bi Ki ta-
ba na$_4$：蛇・蛇女神キ・パートナー・小石」と言い表すのだ。（出典：
拙著『縄文土器は神社である！』ヒカルランド）で、「たまゆら」と
なると、その内の「gu-bi Ki（蛇・蛇女神キ）」が暗喩された形なのだ。
ここで、蛇女神キ（和名：伊邪那美命）は牡牛神ハル（和名：伊邪那
岐命）のパートナーであることを知る必要がある。それがわかると
「たまゆら」の「たま（玉）」とは「パートナーが身に着ける小石」な
ので「ta-ba na$_4$：（牡牛神ハルの）パートナー・小石」と言い表し、
その勾玉同士が接近して微かに触れ合うので「dim$_4$-ma：狭くある」
と言い表すのだ。

　　すると、優美な響きのある「たまゆら（玉響）」とは、「勾玉同士が
触れ合って立てる微妙な音のこと。転じて、ほんのしばらくの間。一
瞬」であるのだが、それを祖語であるシュメール語では「（gu-bi Ki）

ta-ba na$_4$ dim$_4$-ma ｛(勾玉・蛇・蛇女神キ) パートナー・小石・狭くある)｣ と言い表すのだ。

　やはり、ここでもてっきり大和言葉とばかり思えた優美な響きの「たまゆら」も100％シュメール語であり、「ta-ba na$_4$ dim$_4$ ma ｛(蛇女神キの) パートナー・小石：狭くある｝」が音韻転訛したものであることがわかるのだ。こおして、自説「大和言葉は100％シュメール語である！」(仮説) は「歴史的事実」へと「定説」へと、一歩一歩粛々と力強く階段を上って行くのだ)

6．お次は、「うららか」です。柔らかな陽射しの下でお花見をするにはピッタリの言葉になります。「春のうららの隅田川　上り下りの船人が……」(滝廉太郎作「花」より) の情景が目に浮かんできます。柔らかな陽射しと華やかさを感じさせる風情のある言葉です。そんな風雅な言葉を話せる日本人として生まれてきて本当に良かったと思っています。

●うららか (ウララカ)：若い・太陽：太陽・始まり

　　　　　　　　tur ra ra ka (若い・太陽：太陽・始まり)

　　　　　　　　'ur-ra ra-ka

　　　　　　　　u'-ra raka

　　　　　　　　ura-raka (ウラ・ラカ　元の音韻と音節)

　　　　　　　　uraraka (ウララカ　うららか)

　　　　(参考：「うららか」とは「麗らか」とも書くが、「日差しが柔らかで長閑 (のどか) な様子」のことである)

　　　　(解釈：先ず、「ら」は「太陽」のことなので「ra：太陽」と言い表し、「日差しが柔らかな」とは「若い太陽」のことなので「tur-ra：若い・太陽」と言い表し、「らか」は「始まりの太陽」のことなので「ra ka：太陽・始まり」と言い表すのだ。

　すると、「うららか」とは「麗らか」とも書くが、「日差しが柔らかで長閑 (のどか) な様子」のことであるのだが、それを祖語であるシ

ュメール語では「tur ra ra ka（若い・太陽・始まり）」と言い表すの
だ。つまり、「太陽の日差しが柔らかなこと」を言い表しているのだ。
「長閑」の意味は後付けと思われる。

　ご覧の通り、てっきり優雅で美しい大和言葉だと思えた「うららか
（麗らか）」も、終わってみれば100％シュメール語であり、「tur ra ra
ka（少し・太陽：太陽・始まり）」が音韻転訛したものであることが
わかるのだ。こんな「日本固有の大和言葉」の代表株とも思える「う
ららか」も100％シュメール語であるのだ。因みに、「柔らか」も「長
閑」もシュメール語である）

　さ、関係諸氏よ、どうします？　未だ仮説だが、どうやって桂樹説
「大和言葉は100％シュメール語である！」を崩すのか？　そんな奇
特な人がいるのであれば、是非ともお手並み拝見したいものである。
そうするには、縄文土器の文様解読から反証しなければなりませんよ
〜。

　2021年3月28日で「大和言葉プロジェクト585」の解析はすべて終
了しています。しかし、その中でシュメール語でなかった大和言葉は
唯の一つもありませんでした。極めて重要なので今一度声高に言いま
す。

「シュメール語でなかった大和言葉などは唯の一つもありませんでし
た！」

　この「うららか」などはその585語の内のほんの一つに過ぎません。
日本語の、大和言葉の概念が、あの忌まわしい3.11の世界貿易セン
タービルのように音を立てて崩落し始めたのです。パラダイムシフト
はもう始まっているのです！）

　実を言うと、今回の「大和言葉プロジェクト585語」を初めて、直
ぐに挫折したのがこの「うららか」でした。小さな頭をどうひっくり
返しても解析出来なかった後味の悪い大和言葉でした。そんな時は放

置して、出来ることからやり続けました。そうこうしている内に知恵
がつき、ようやく2ヶ月目には今のように首尾よく解析できたのです。
このような大和言葉は数十語もありましたね〜。今ではどれも皆良い
思い出として残っています。

　挫折があるからこそ、失敗があるからこそ、人は成長できるのです。
ダメな失敗など一つもないと思います。本人の気持ち次第です。失敗
から何を学ぶか？　実は、成功した人ほど（陰で）失敗して泣いてい
るのです。人は、「涙の数だけ強くなれる」（「Tomorrow」by 岡本真
夜）のです。未来のチャレンジャー、頑張れ〜！

7．お次も、美しい色彩の漢字とロマンチックな響きの「黄昏（たそ
がれ）」です。筆者などは直ぐに切ない女心を歌ったロスプリモスと
東京ロマンチカの「たそがれの銀座」を思い出します。

　目をさます　銀座　銀座　銀座　ぎんざ　ぎんざ　ぎんざ　<u>黄昏</u>の
銀座（下線筆者）

●黄昏（たそがれ）：聞く・誰
　　　　　　　　　geshtu$_2$ na-me（聞く・誰）
　　　　　　　　　dash'o　da-le
　　　　　　　　　tasho　　ga-le
　　　　　　　　　tas'o-gale（タソ・ガレ　元の音韻と音節）
　　　　　　　　　tasogale（タソガレ　黄昏）

　　　　（参考：「黄昏（たそがれ）」とは、「1．日が沈み、人の見
分けがつきにくい頃。夕暮れ　2．物事が終わりに近づき、勢いを失
う頃」である）

　　　　（解釈：先ず、「黄昏（たそがれ）」とは、文字通り「「誰
（た）そ彼（かれ）」（あの方は誰ぞ？）と聞く（訊ねる）」意味なので
そのまま「geshtu$_2$ na-me：聞く・誰」と言い表すのだ。実に単純明
快だ。

すると、「黄昏（たそがれ）」とは、「１．日が沈み、人の見分けが
つきにくい頃。夕暮れ　２．物事が終わりに近づき、勢いを失う頃」
であるのだが、それを祖語であるシュメール語では端的に「geshtu₂
na-me（聞く・誰）」と言い表すのだ。
「黄昏」。字面的には「日が沈み、人の見分けがつきにくい頃」の、
つまり「黄色がかった夕刻」の大和言葉ならではの美しい色彩表現で
もある。しかし、その美しい大和言葉とばかり思えた「黄昏」も、
100％正真正銘のシュメール語の「geshtu₂ na-me：聞く・誰」が音韻
転訛したものであることがわかるのだ。今ここでハッキリと断言でき
るのだ：「大和言葉は100％シュメール語である！」と）

　　　　（知見１：シュメール語では「誰かある人（someone／
anyone）」のことを「na-me（ナ・メ）」と言う。そこで、誰だかわか
らないから「名前」を付ける必要があるのだが、実はその「名前」の
英語「name（ネイム）」はシュメール語の「na-me（ナ・メ　誰かあ
る人（someone／anyone）」からそのまま採用されたものなのだ。比
較言語学を「name（ナメ）」たらアカンで〜。（笑））

　　　　（知見２：その「誰かある人」の代名詞である「彼（かれ）」
はシュメール語では「a-ni（アニ）」と言い、「兄（あに）」という意
味なのだ。また、「a-ne（アネ）」は「he（彼）／she（彼女）」の両方
の代名詞である。つまり、日本語と思われた「兄（あに）」は立派な
シュメール語であり、意味は兄ならぬ「彼 he」であることがわかる。
更に、その「兄」という漢字は、有名なシュメールの円筒印章印影図
（p144）を見ると、実はシュメールの牡牛神ハル（和名：伊邪那岐命）
なのである。もちろん、「妹」はパートナーの蛇女神キ（和名：伊邪
那美命）である）

　　　　（補足：「黄昏」は漢音では「こうこん」と読むが、「黄」は
夕刻の色で、「昏」は「日暮れ・夕方」のことである。また、逆の
「昏黄（こんこう）」でも意味は同じである）

　　　　（追加：改めて上記の「解釈」と「参考」を再考してみると、
「黄昏」の「誰（た）そ彼（かれ）」（あの方は誰ぞ？）は「あの神様
はどなたでしょうか？」と尋ねているようにも思えてくるのだ。もち

ろん、返答は「牡牛神ハルです」になりますが…。)

8．お次は、芸能人たちが人目も憚らずに日中街中で堂々とハグしたりキスしたりと浮気や不倫を楽しんでいるようにも見えることがTVや週刊誌で取り沙汰されていますが、その「憚（はばか）る」です。時代と共に、奥ゆかしい雅な風情などどこ吹く風になっているようですね。

●憚（はばか）る：アクロバットダンサー：行動する・行う
　　hub₂ aka du₃（アクロバットダンサー：行動する・行う）
　　hab　aka-lu
　　hab-akalu（ハブ・アカル　元の音韻と音節）
　　habakalu（ハバカル　憚る）

　　　　　（参考：「憚（はばか）る」とは、「自動詞：いっぱいに広がる。はばをきかす　他動詞：１．恐れて慎む。遠慮する　２．忌み嫌う」ことである）
　　　　　（解釈：先ず、「憚（はばか）る」と聞くと殆どの人が「他動詞：１．恐れて慎む。遠慮する　２．忌み嫌う」を思い浮かべるのではなかろうか。だが、元々は「自動詞：いっぱいに広がる。はばをきかす（幅を利かす）」が原義のようだ。日本では「幅を利かす」のはいつの世も権力者だが、古代シュメールでは、（神殿の）舞台上のアクロバットダンサーなのだ。実力のある「アクロバットダンサーが舞台いっぱいを使って、飛び跳ねて（行動して）踊る（行う）」イメージである。だから、「憚る」は「hub₂ aka du：アクロバットダンサー・行動する・行う」と言い表すのだ。そんな素晴らしい演技を先に見せられたなら自分たちの出番などは難しいと思うのであろう。「憚」を手元の漢和辞典で調べると「難しく思う」とある。妙に納得がいくのだ。)

　　ともあれ、「憚（はばか）る」とは、「自動詞：いっぱいに広がる。

はばをきかす　他動詞：1．恐れて慎む。遠慮する　2．忌み嫌う」
ことであるのだが、それを祖語であるシュメール語では「hub₂ aka
du₃：アクロバットダンサー・行動する・行う」と、つまり「（自動詞）
いっぱいに広がる。はばをきかす（幅を利かす）」と言い表すのだ。

やはりここでも、てっきり雅な美しい大和言葉と思えた「憚（はば
か）る」も100％シュメール語の「hub₂ aka du₃：アクロバットダン
サー・行動する・行う」が音韻転訛したものであることがわかるのだ。

尚、「他動詞：1．恐れて慎む。遠慮する　2．忌み嫌う」は「自
動詞：いっぱいに広がる。はばをきかす」に圧倒されて生まれた「奥
ゆかしい」大和言葉である。この奥ゆかしさと慎み深さを忘れなけれ
ば、日本と日本人は世界からいつまでも愛され続けるであろう）

9．お次は、聞いただけでも少し気だるく元気が出ない感じのする
「ひだるい」です。人間生きていれば、そんな時も時々ありますよ。
そんな時はご自分の心と身体に相談して、無理せずその場の雰囲気に
身を任せてみては如何でしょうか。

●ひだるい：縛る：腕・重い
　　　　　kesh₂ da dugud（縛る：腕・重い）
　　　　　khi'　da-lugyi'
　　　　　'hi　　da-lu'i
　　　　　hi-dalui（ヒ・ダルイ　元の音韻と音節）
　　　　　hidalui（ヒダルイ　ひだるい）

　　　　（参考：「ひだるい」とは、元々は宮廷での女房言葉（言い
換えや婉曲法が多い）であり、「腹がすいて気だるいようす」のこと
である）

　　　　（解釈：先ず、「腹がすいて気だるいようす」をイメージす
るとわかり易い。空腹だと身体に力が入らなくなり、特に腕が重くな
ったような気だるさに身体全体が「縛られる」のだ。すると、「ひ」
は気持ちがそれに縛られる意味合いなので「kesh₂：縛る」と言い表し、

「だるい」は身体が、特に垂れ下がっている「腕が重い」と感じるので「da dugud：腕・重い」と言い表すのだ。

　すると、「ひだるい」とは、元々は宮廷での女房言葉（言い換えや婉曲法が多い）であり、「腹がすいて気だるいようす」のことであるのだが、それを祖語であるシュメール語では「kesh$_2$ da dugud：縛る：腕・重い」と言い表すのだ。

　てっきり雅な大和言葉と思えた「ひだるい」も100%れっきとしたシュメール語であり、「kesh$_2$ da dugud：混ぜる・腕・重い」から音韻転訛したものであることがわかるのだ。もはや「大和言葉は日本の固有語である」という概念は既にその立脚点を失ってしまい、もはや成立しないのだ。読者の皆さんは、この後それを更に嫌というほど味わうことになるのだ。お～、くわばらくわばら）

10．お次は、「四苦八苦」の四苦（生老病死）の最後を飾る「死」の丁寧語「みまかる」になります。普段は殆どお目にかかることはありません。不思議と厳かでしめやかな響きのする言葉です。どんな人も死を免れることは叶いません。だからこそ、太古の昔から人は「永遠の命」や「不老不死の仙薬」や「乎知水（おちみず）」などを手に入れようともがき続けているのです。しかし、仏陀が菩提樹の下で「悟り」を開いたと言われますが、その「悟り」とは古代サンスクリット語で「amrdae　アムルタ：不死」という意味です。となると、仏陀はどこかで「不死」を享受して新たなる人生を謳歌しているのかも知れませんね。（出典：拙著『3＋4の般若心経』）

●みまかる：身体：立ち去る・する
　　　　　ni$_2$ bad du$_3$（身体：立ち去る・する）
　　　　　mi badu-lu
　　　　　mi dagu-lu
　　　　　mi gaku-lu
　　　　　mi maka-lu
　　　　　mi-makalu（ミ・マカル　元の音韻と音節）

mimakalu（ミマカル　みまかる）

　　　　（参考：「みまか（身罷）る」とは「身が現世から罷（まか）る」ことであり、「死ぬ」の丁寧語で、自分の身内側で使う言葉である）

　　　　（解釈：先ず、「身」は身体なので「ni_2：身体」と言い表し、「まかる（罷る）」とは「退出する」ことなので「bad du_3：立ち去る・する」と、つまり「身が現世から罷（まか）る」と言い表すのだ。

　すると、「みまか（身罷）る」とは「身が現世から罷（まか）る」ことであり、「死ぬ」の丁寧語で、自分の身内側で使う言葉であるのだが、それを祖語であるシュメール語では「ni_2 bad du_3：身体・立ち去る・する」と、つまり「身が現世から罷（まか）る」と言い表すのだ。因みに、魂は永遠に不滅で、肉体は「仮の宿」と言われます。

　意外や意外、「死ぬ」の謙譲語であると思えた大和言葉「みまかる」も、やはり100％シュメール語の「ni_2 bad du_3：身体・立ち去る・する」が音韻転訛したものであることがわかる。普段は見ることも使うことも殆どない和語「みまかる」も日本固有の言葉ではなく、由緒正しきシュメール語だったのだ。いや、「みまかる」を含めた全ての「大和言葉は100％シュメール語である！」のだ。

　因みに、新しい元号「令和」の「令」も「和」も共にシュメール語であることを知る者は皆無である（参考：拙著『縄文土器は神社だった！』）。

11．今年の冬は暖冬だ暖冬だと言われていますが、突然寒波が襲来すると寒くて寒くて襟を立てて肩をすくめたくなりますよね。今度はその「すくめる」になります。欧米人はよくその仕草をしますよね。

●竦（すく）める：狭くある・肩
　　　　　　　　sig murgu（狭くある・肩）
　　　　　　　　sigu-me'lu（gu：語尾の母音語化は「神の法則」）
　　　　　　　　suku-melu

suku-melu（スク・メル　元の音韻と音節）

sukmelu（スクメル　竦める）

（参考：「竦（すく）める」とは、「体を小さくする。縮める」ことである）

（解釈：何のことはない、「sig murgu：狭くある・肩」、つまり「両肩を狭くする」仕草が「竦（すく）める」なのだ。外国人の人達がよくやる仕草だ。仕方がないやという時、彼らは肩を竦め両手の平を上に上げるあの仕草だ。難しい漢字の大和言葉だが所詮はシュメール語だったのだ。やはり、大和言葉だと思われた大和言葉「竦める」も100％シュメール語の「sig murgu：狭くある・肩」が音韻転訛したものである）

{知見：上記の仕草だが、英語では「shrug one's shoulders（肩を竦める）」と書く。しかし、よく見るとその「shrug（竦める）」は、実は上記のシュメール語「sig murgu（狭くある・肩）」が音韻転訛したものであることがわかるのだ。sig murgu ➡ shi'-m'rug' ➡ sh'-'rug ➡ sh-rug ➡ shrug（シュラッグ：竦める）。但し、これは何も特別でもなければ例外的なものでもないのだ。そんな具体例などは実は山ほどあるのだ。つまり、世界最古の文字と言われているシュメール語は、大和言葉だけではなく英語や漢字や他の言語の祖語でもあったのだから}

12. お次は一日の始まりを示す美しいエネルギーのある「あけぼの（曙）」になります。

「近代文明の曙」などと使いますが、「あけぼの」と言えば、やはり『枕草子』（清少納言）の冒頭にある「春はあけぼの」が私達には馴染みが深いのではないでしょうか。

　春はあけぼの（下線筆者）。やうやう白くなりゆく山際、少し明かりて、紫だちたる雲の細くたなびきたる

　そう言えば昔、身体の大きい「曙」という外国人横綱がいましたね。「曙光」など勢いのある言葉ですね。

●あけぼの：日の出：目・目（＝日神・月神）

　　　　　ash igi-damu ｛日の出：目・目（＝日神・月神）｝（ash：
　　　　　　　　　　　　　　　　　　　　　　　　　　バビロニア語）

　　　　　akh ek'-banu

　　　　　ak' e'-bono

　　　　　ak-ebono（アク・エボノ　元の音韻と音節）

　　　　　akebono（アケボノ　曙）

　　（参考：「曙」とは「夜が明け始める頃のこと」である）

　　（解釈：先ず、「曙」は「日の出」のことなのでバビロニア
語で「ash：日の出」と言い表し、その時刻には太陽と月が空にあり
ますから「igi-damu：目・目（＝日神（太陽神）・月神）」と言い表す
のだ。そうです。伊邪那岐が黄泉の国から逃げ帰ってきて禊（みそ
ぎ）をした際に、左目を洗うと太陽神が、右目を洗うと月読命が産ま
れたという故事にある通りなのだ。

　　すると、「曙」とは「夜が明け始める頃のこと」であるが、それを
祖語であるシュメール語では「ash igi-damu：日の出：目・目」、つ
まり「太陽と月が同居する日の出の頃」と言い表すのだ。てっきり大
和言葉だと思えた「曙」も終わってみれば100％シュメール語であり、
「ash igi-damu：日の出：目・目」が音韻転訛したものであることが
わかるのだ）

　　（参考：因みに、ash（日の出）は asu ➡ asa（アサ：朝）と
転訛する。また、「みそぎ（禊）」も立派なシュメール語である）
　　（比較：「暁（アカツキ）」＝夜明けのうす明るくなる時分）

　　　　　ash An Gibil（日の出・アンギビル神）

　　　　　akh a'-d'pi'

　　　　　akh a-tki

　　　　　ak'-atki（アク・アツキ　元の音韻と音節）

　　　　　akatsuki（アカツキ　暁）

第2章：文字は歴史と文化と宗教の集大成！

13. お次は、容易く漢字では書けないが、日本橋魚河岸の気風（きっぷ）のいい兄ちゃん達の生きのいい掛け声が聞こえて来そうな「いなせ（鯔背）」です。当時流行っていた気風（きっぷ）のいい兄ちゃん達の髪型「鯔背銀杏」が由来とされています。

●鯔背（いなせ）：魚・油・後ろ

$$ku_6\ l\text{-}i\ sha\text{-}gu_4（魚・油・後ろ）（l\text{-}：冠詞音）$$
ki-li　she-'
'i-ni　s'e
i-na　se
ina-se
inase（イナセ　鯔背）

　　　　（参考：「鯔背（いなせ）」とは、元々は「鯔背銀杏（いなせいちょう）」（鯔とはボラのこと）という若くて威勢のいい魚河岸の若い衆の間で人気だった髪型のことだが、もっぱら男性に対する形容となり「粋で威勢がよいこと」である）

　　　　（解釈：先ず、「鯔（いなせ）」とは「ボラ」のことであり、旁（つくり）の「甾（し）」は「油」のことである。幼魚の時はお腹に黄色い「油」が詰まっているので、その名「鯔（ぼら）」がある。そこで「鯔背」の「鯔（イナ）」は「$ku_6\ l\text{-}i$：魚・油」（l-i：冠詞音）を言い表し、次に「背」は「後ろ」のことなのでそのまま「$sha\text{-}gu_4$：後ろ」と言い表すのだ。すると、両者併せて「鯔背（イナセ）」とは「$ku_6\ l\text{-}i\ sha\text{-}gu_4$：魚・油：後ろ」（l-：冠詞音）と言い表すのだ。

　その昔、日本橋の魚河岸で働く義理人情に篤く気風（きっぷ）のいい「粋で威勢がよい」兄ちゃん達の姿が目に浮かぶようである。そんな兄ちゃん達に「鯔背（いなせ）」は舶来語だぜ！」なんて言おうものなら、「何言ってやんで、魚の目ん玉が腐っちめぇで！　どけどけ〜！」とどやされそうだ。

61

それはともかく、「粋で威勢がよい」意味の「鯔背（いなせ）」も結局は100％シュメール語であり、「ku₆ l-i sha-gu₄：魚・油：後ろ」（l-：冠詞音）」が音韻転訛したものであることがわかるのだ。関係諸氏の夢を砕いて申し訳ないが、これが「歴史の真実」であり、何人たりとも抗うことは出来ないようだ）

14. お次は、先程の威勢の良い「鯔背」とは裏腹に、おおらかでどかっとしている響きの「おおどか」です。

● おおどか：大きい・大きい：じっとしている・じっとしている
　　　　　 gal gal ku ku （大きい・大きい：じっとしている・じっ
　　　　　　　　　　　　としている）
　　　　　 go'-go' gu ka
　　　　　 'o-'o 　do-ka
　　　　　 oo-doka （オオ・ドカ　元の音節と音韻）
　　　　　 oodoka （オオドカ　おおどか）

　　　　　（参考：「おおどか」とは、「ゆったりと落ち着いている様子。こせこせしない様子。おおらか。おおよう」ことである）
　　　　　（解釈：先ず、「おお」は「おほ（大）」の派生語であるので「gal：大きい」と言い表し、接尾辞の「どか」は暇そうにゆったりしているイメージなので「ku ku：じっとしている・じっとしている」と言い表すのだ。
　　すると、「おおどか」とは、「ゆったりと落ち着いている様子。こせこせしない様子。おおらか。おおよう」ことであるのだが、それを祖語であるシュメール語では「gal gal ku ku：大きい・大きい：じっとしている・じっとしている」と言い表すのだ。
　　ご覧のように、優雅な大和言葉に思えた「おおどか」も終わってみれば100％シュメール語であり、「gal gal ku ku：大きい・大きい：じっとしている・じっとしている」が音韻転訛したものであることがわかるのだ。あな恐ろしや、比較言語学。「大和言葉の　正体見たり

62

シュメール語」）

15．お次は、ふくよかな響きとイメージの「おたふく」です。筆者も子供の頃、正月ともなれば「福笑い」をして遊んだものだが、しかし、比較言語学を学ぶようになってからというものはこの「おたふく」は非常に奥が深く、とても民俗学者などの手の及ぶところではないことを知るに至っています。「おたふくの　正体見たり　佐久夜比売」。さ、とくとご覧あれ。

実は天上界の美女ニンフルサグ女神「おたふく」

- おたふく：5・数：爆発・頭（＝火山女神ニンフルサグ）
  - i-da hur-sag（5・数・爆発・頭）
  - o-ta hu'-sa'
  - ota fu-ka
  - ota fu-ku
  - ota-fuku（オタ・フク　元の音韻と音節）（➡正しくは「お多・福」だ）
  - otafuku（オタフク　お多福）

　　（参考：「おたふく（お多福）」とは「1．丸顔で低い鼻、ほおの飛び出た女性のお面　2．1のような顔の女性を卑しめていうことば」である。類語に「おかめ」がある）

　　（解釈：先ず、こればかりはシュメールの「神名による命名原理」（川崎真治先生確立）を知らないと絶対に読み解けない代物だ。また、シュメールの主要な神々にはそれぞれシンボル数（暗喩数）な

るものがあることも知らなければならない。「i-da：5・数」とは火山女神ニンフルサグ Nin hur sag（女神・爆発・頭）のことだ。すると、「i-da hur-sag：5・数：爆発・頭」とは「おたふく（お多福）」になるのだが、それは天上の神々がこぞって振り向いたとされる知的な美人女神ニンフルサグであることがわかる。

つまり、和名「木之花佐久夜比売」だ。「丸顔で、鼻が低く、頬の高い女の面。また、その面に似た顔の女」などという辞書・辞典の類の極めて民俗的な定義・字釈などでは全く用をなさないのだ。但し、『日月神示』に登場するこの「木之花佐久夜比売」もれっきとしたシュメール語である。日本の神々は全て例外なくシュメール語であり、全て例外なくシュメールのアヌンナキ Anunnaki（天空より飛来した神々）のことである。出典：拙著『縄文土器は神社だった！』（ヒカルランド）。

こんな訳で、てっきり大和言葉だと思えた「おたふく」も終わってみれば100％シュメール語であり、「i-da hur-sag：5・数：爆発・頭」が音韻転訛したものであることがわかるのだ。因みに、パートナーの「ひょっとこ」もシュメール語であり、シュメールの火男神アンギビルである）

　　　　　（知見：火山女神ニンフルサグの俗称は「おたふく（お多福）」の他にも「かぐや姫」や「お亀」などがある。また、その化身は今上天皇の高御座（たかみくら）の天辺に鎮座していた鳳凰「火の鳥（不死鳥）」でもあるのだ。更に、火男神アンギビル An Gibil とは夫婦であり、造化3神の「高御産巣日神」となっている）

16．お次は、聞いただけでも背が低くて太ったイメージのするまろやかな感じの「ずんぐり」です。「ずんぐりとした体形」などとして使います。類語に「むっくり」があります。少し擬態語に近いですね。

●ずんぐり：低い・太った
　　　　　sig$_3$ gur$_4$（低い・太った）
　　　　　zum-guru（ru：母音語化は「神の法則」）

第2章：文字は歴史と文化と宗教の集大成！

zun-guri（ズン・グリ　元の音韻と音節）
zunguri（ズングリ　ずんぐり）

　（参考：「ずんぐり」とは、「太って背の低い様子」である）
　（解釈：順序は違いますが、「ずんぐり」とは、「（背が）低くて太った」、つまり「太って背の低い様子」そのままである。こんな大和言葉もやはりシュメール語であり、「sig$_3$ gur$_4$：低い・太った」が100％音韻転訛したものであることがわかる。凄いぞ、比較言語学！本書をお読みの諸氏方々にも是非ご一緒に学んで頂きたいものである）

17．お次は、柔らかい響きの中に何か弱々しさが感じられる言葉「たおやめ」です。筆者を筆頭に、そんな女性には急に優しくしたりするから不思議ですね。父性本能がくすぐられる所為でしょうか。

●手弱女（たおやめ）：手・弱くある：女
　　　　　　　　　shu sig mi（手・弱くある：女）
　　　　　　　　　t'u-sigu me（gu：語尾の母音語化は「神の法則」）
　　　　　　　　　ta-'odju me（g-dj）
　　　　　　　　　ta-o'ja me
　　　　　　　　　ta-oya me（j-y）
　　　　　　　　　taoya-me（タオヤ・メ　元の音韻と音節）
　　　　　　　　　taoyame（タオヤメ　たおやめ）

　　　（参考：「手弱女」とは、「線が細くて物腰が柔らかな女性」、つまり「（文語的な表現）たおやかな女。かよわい女」である）
　　　（解釈：先ず、「手」は「手」のことなので「da：手」と言い表し、「弱」は弱いことなのでそのまま「sig：弱くある」と言い表し、そして「女」は「女」なのでそのまま「mi：女」と言い表すのだ。
　　　すると、「手弱女」とは、「線が細くて物腰が柔らかな女性」、つまり「（文語的な表現）たおやかな女。かよわい女」であるのだが、そ

65

れを祖語であるシュメール語では「shu sig mi（手・弱くある：女）」
と言い表すのだ。因みに、反対語は「益荒男（ますらお）」という。

　てっきり大和言葉だと思えた「手弱女」も生粋のシュメール語であ
り、100％シュメール語の「shu sig mi：手・弱くある：女)」が音韻
転訛したものであることがわかるのだ。文科省も文化庁も率先して歴
史言語学（比較言語学）を学ばなければならない時代なのだ。それも
縄文時代からしっかりと学ばなければなるまい）

18．お次は、聞いただけでも青臭い響きの「青二才」です。個人的
には、恩師との思い出深い言葉ですね。高円寺駅近くにあった恩師宅
に時々伺っていたことが今では本当に懐かしい思い出となってしまい
ました。月日の経つのは本当に早いものですねぇ…。

●青二才：空・顔：二：年・年
　　　　　an igi min mu mu（空・顔：二：年・年）
　　　　　a'-og' mi' gu-'u
　　　　　a-o'　ni　ku-i
　　　　　ao　　ni　su-i
　　　　　ao　　ni　sa-i
　　　　　ao　　ni-sai
　　　　　ao-nisai
　　　　　aonisai（アオニサイ　青二才）

　　　　（参考：「青二才」とは「ボラ・スズキ・ブリなどの「出世
魚」の２年目の魚のことだが、年が若くて経験の乏しい男を罵（のの
し）って言う言葉」である）

　　　　（解釈：先ず、「青」は青空に象徴されるように「空の色」
のことであるが、色というのは心の動きが一番顔に出やすいので「顔」
を用いて「an igi：空・顔」と言い表し、数詞の「二」は「二（2）」
なのでそのまま「min：二（2）」と言い表し、そして「才」は「年
齢」のことなのでダブルで「mu mu：年・年」と言い表すのだ。

すると、「青二才」とは「ボラ・スズキ・ブリなどの「出世魚」の２年目の魚のことだが、年が若くて経験の乏しい男を罵（ののし）って言う言葉」であるのだが、それを祖語であるシュメール語では「an igi min mu mu：空・顔：二：年・年」と、つまり「顔の青い２年目」と言い表すのだ。手厳しい大和言葉の「青二才」も生粋のシュメール語であり、100％「an igi nim mu mu：空・顔：二：年・年」が音韻転訛したものであることがわかるのだ。

　因みに、筆者が未だ59才の時、恩師の川崎先生宅を訪ねた際に、先生から「君は幾つになったのかい？」と聞かれたので、「59です」と答えたところ、「まだ鼻たれ小僧だな！」と箸（たしな）められたことがあります。「青二才だな」と仰っているようだった。偉大な恩師と比べたら筆者など未だ「青二才」。日々怠ることなく努力を続けなければならないと感じている今日この頃です）

19．個人的にですが、ある女性が年齢的には知っているはずなのに知らない素振りをする時に「あの子はかまととぶってるよ」なんて使っていた覚えがあります。それが大和言葉だなんて知りませんでしたね。その「かまとと」になります。

●かまとと：肉・肉：魚・魚
　　　　　　su su ku_6 ku_6（肉・肉：魚・魚）
　　　　　　ku-ku su-su
　　　　　　ka-gu tu-tu
　　　　　　ka-mu toto
　　　　　　kama-toto（カマ・トト　元の音韻と音節）
　　　　　　kamatoto（カマトト　かまとと）

　　　　　（参考：「かまとと」とは、「わかりきっているのに、知らないふりをすること。何も知らないふりをして初らしく見せること。また、その人」である。もちろん、「かま」＝「蒲鉾（かまぼこ）」、「と

と」＝「魚」のことである）

　　　　（解釈：先ず、シュメール語には「蒲鉾」はないので「かま（蒲）」は、少し頭を使いダブルで「su su：肉・肉（のすり身）」と言い表わし、次に「とと」は「魚」のことなのでダブルで「ku₆ ku₆：魚・魚」と言い表わすのだ。すると、「かまとと」とは、動物の肉と魚の肉とが違うことぐらいは「わかりきっているのだ」が、それを「知らないふりをすること。何も知らないふりをして初らしく見せること。また、その人」であることになるのだ。

　このように、てっきり純粋な大和言葉とばかり思えた「かまとと」も、実は100％シュメール語であり、「su su ku₆ ku₆：肉・肉：魚・魚」が音韻転訛したものであることがわかるのだ。新しい価値基準は「アヌンナキとシュメール語」である）

20．さて、〈短いもの20語〉の最後は、幼いものがいかにも一生懸命何かの為に働いているという響きの「けなげ」です。そっと手を差し伸べたくなるような言葉ですね。

●けなげ：支える・正しく行動する
　　　　gin-na gi（支える・正しく行動する）
　　　　ke'-na ge
　　　　kena-ge（ケナ・ゲ　元の音韻と音節）
　　　　kenage（ケナゲ　けなげ）

　　　　（参考：「けなげ（健気）」とは、「（女子や年少者などが）勇気を奮ったり、かいがいしい働きをする様子」である）
　　　　（解釈：先ず、読んで字のごとく、「けなげ（健気）」とは病気の親や家庭を「支え」るために、つまり「（女子や年少者などが）勇気を奮ったり、かいがいしい働きをする」ことであるので「gin-na gi：支える・正しく行動する」と言い表すのだ。
　御覧のように、日本固有の純粋な大和言葉と信じられてきた「けなげ」も、実は100％純粋なシュメール語であり、「gin-na gi（支える・

正しく行動する）」が音韻転訛したものであることがわかるのだ。時は令和6年。まさにパラダイムシフト（価値基準の移行）の時代なのだ）

　さ、〈短いもの20語〉如何でしたか？　驚きましたか？　多少なりとも楽しめましたか？　日本人ですから日本語は日本語でしょう!?　大和言葉も当然日本語でしょう!?　これまではそれで何の不思議も疑問もありませんでしたが、御覧のように一皮むけば全く違いましたね。皆さんの想像を遥かに超えて「大和言葉は古代シュメール語」でした！　でも、未だほんの20語です。断定するには数が少な過ぎますよ！　だなんて反論が来そうです。では、解析をどんどん続けて行きましょう。

〈少し長いもの13語句〉：
　猫も杓子も・見目麗しい・慎み深い・心ばえがいい・天真爛漫・やんごとない・気の置けない・ろうたけた・鼻柱が強い・目端が利く・かまびすしい・まめまめしい・いとけない

21.　さ、〈少し長いもの13語〉のトップバッターは誰でも知っている「猫も杓子も」になります。飯や汁などを掬い取る「杓子（しゃくし）」はシュメール語で何と言うんでしょうか？　気になりますね。

●猫も杓子も：この／あの・猫・も：匙（さじ）・も
　　ne sa-a ga ^{gis}dilim$_2$-tur ga（この／あの・猫・も：匙・も）
　　ne ka-' ma　tidi'-tu'　ma
　　ne-ko　mo　sigi-su　　mo
　　neko-mo　　saki-si　　mo
　　nekomo　　　syaku-si　　mo
　　nekomo　　　syakusi-mo
　　nekomo-syakusimo（ネコモ・シャクシモ　元の音節と音韻）
　　nekomosyakusimo（ネコモシャクシモ　猫も杓子も）

（参考：「猫も杓子も」とは、「誰も彼ものこと」である。）

（解釈：先ず、「猫」は「猫」なのだが、「あちこち」にいたせいか「ne sa-a：この／あの・猫」と言い表し、「も」は「同様」の「も」なので「ga：も」と言い表し、「杓子」は「しゃもじ」のことだがシュメールでは「匙（さじ）」とみなしていたので「^{gis}dilim$_2$-tur：匙」と言い表し、最後に同様の「も」は先程と同じく「ga：も」と言い表すのだ。

すると、「猫も杓子も」とは、「誰も彼ものこと」であるのだが、それを祖語であるシュメール語では「ne sa-a ga ^{gis}dilim$_2$-tur ga：この／あの・猫・も：匙（さじ）・も」と言い表すのだ。）

（知見：シュメール語の「sa-a：猫」は ka-at ➡ ka-'t ➡英語の「cat：猫」に転訛していくのだ。

因みに、特に日本人は思考様式にしても行動様式にしてもファッションにしてもこの「猫も杓子も」の傾向が強いが、大和言葉の時代からそうなのだから、これはもう国民的気質なのかもしれない。

ともあれ、こんな大和言葉の定番とも思われた「猫も杓子も」も祖語は100％シュメール語であり、「ne sa-a ga ^{gis}dilim$_2$-tur ga：この／あの・猫・も：匙（さじ）・も」が音韻転訛したものであることがわかるのだ。「歴史の真実」を読み解く為の比較言語学、侮ってはいけない。）

22．お次は、美しい雅な響きの「麗し」が入った「見目麗しい」です。個人的には、世界的な大女優オードリー・ヘップバーン主演の「麗しのサブリーナ」（1954年上映）を思い出します。もしこの「麗し」の祖語がシュメール語であったなら、そろそろ皆さんの日本語の、特に「大和言葉」の概念もきっと大きくグラつくことになることでしょう。さ、事実を受け入れるだけの勇気はおありでしょうか？　20世紀最大の天才的な物理学者Ａ・アインシュタイン博士は「自分が知らないということを知らないと言う勇気を持たなければなりません」と仰っていました。天才にしてこの謙虚さ。私達も見習わなければなりませ

んね。不都合な事実や真実に対して「見ざる・言わざる・聞かざる」では文明・文化は進化しませんからね。

●見目麗しい：見る・目：男女／共同体・満たす
　　　　　　　igi igi ur-bi si（見る・目：男女／共同体・満たす）
　　　　　　　'mi-'me ur-ba shi
　　　　　　　mi-me　ur-va shii
　　　　　　　mime　　ur-wa shii
　　　　　　　mime　　urwa-shii
　　　　　　　mime-urwashii（ミメ・ウルワシ　元の音韻と音節）
　　　　　　　mimeurwashii（ミメウルワシ　見目麗しい）

　　　　　　（参考：「見目麗しい」とは、「容貌がよく整って美しく、端正な様子」である）
　　　　　　（解釈：先ず、「見目」とは「見た目」のことなので「igi igi 見る・目」と言い表し、問題の「麗し」は整っていて美しいことなのだが、（大和国家建国の話は長くなるので割愛するが）元々それは人間の容貌のことではなく国家、それも「連合国家（大和国家）の建国当時の在りよう」のことなので「ur-bi si：共同体・満たす」と言い表すのだ。つまり、大和国という「連合国家が整って美しいさま」を言い表していたものだ。
　　すると、「見目麗しい」とは、「容貌がよく整って美しく、端正な様子」であるのだが、それを祖語であるシュメール語では「igi igi ur-bi si：見る・目：共同体・満たす」と言い表すのだ。因みに、「ur-bi」とは元々「男女（牡牛神ハルと蛇女神キ）」の意味である。
　　ともかく、「大和国は古代シュメールの牡牛神ハルと蛇女神キの信奉族が打ち建てた連合国家（mah ur-bi：強大な・共同体）であり、それが美しく整っていた」、つまり「マホロバ　まほろば」であったことを理解することである。すると、てっきり大和言葉だと思えた「見目麗しい」もやはり100％シュメール語であり、「igi igi ur-bi si：見る・目：共同体・満たす」が音韻転訛したものであることがわかる

のだ。そして、その意味がやがて人間にも適用されて「容貌がよく整って美しい」という意味に転じていくのである。

　という訳で、如何でしたか？　これまでの日本語の概念に激震が走りましたか？　実は、日本語だけではないのです。諸外国の言葉も見直しが急務になっているのです。漢字も甲骨文字も、英語もフランス語もイタリア語もヘブライ語なども、です。後で面白い比較をご紹介致しますね。

23.　さて、お次は日本人の美徳の一つとされている「慎み深い」です。個人的な印象ですが、最近は外国人、中でも中国人・韓国人などは街中でも電車の中でも人目もはばからず平気で大声を出したり食べ歩きをしたりと、その傍若無人さは際立っています。昔から「慎み深い」日本人。彼らには「郷に入っては郷に従え」を煎じて飲ませたいものです。

●慎み深い（ツツシミブカイ）：する・する：熟慮する：深い・深い
　du₃ du₃ shita sig sig（する・する：熟慮する：深い・深い）（二つの重層話）
　tu-tu　　shika zi' sigu（gu：語尾の母音語化は「神の法則」）
　tsutsu　shima di kidu
　tsutsu-shimi bi kadi
　tsutsushimi　bu-ka'i
　tsutsushimi-bukai
　tsutsushimibukai（ツツシミブカイ　慎み深い）

　　　　　（参考：「慎み深い」とは、「慎重で遠慮深い様子。礼儀正しく控えめな様子」である）
　　　　　（解釈：先ず、一見簡単そうに見えるが、実はこれは大和言葉の中では極めて解析困難な言葉の一つだ。シュメール語には「遠慮深い」とか「控えめな」に相当する言葉は見当たらないが、要するに「熟慮して言動する」ことなので「du₃ du₃ shita：する・する：熟慮す

第2章：文字は歴史と文化と宗教の集大成！

る」と言い表し、それが「深い」のでそのままダブルで「sig sig：深い・深い」と言い表すのだ。

　すると、「慎み深い」とは、「慎重で遠慮深い様子。礼儀正しく控えめな様子」であるのだが、それを祖語であるシュメール語では「du₃ du₃ shita sig sig：する・する：熟慮する：深い・深い」と、つまり「所作における美しさが奥深い」と言い表すのだ。

　ともかく、美しい所作を表す大和言葉「慎み深い」も終わってみれば、やはり100％シュメール語であり、「du₃ du₃ shita sig sig：する・する：熟慮する：深い・深い」が音韻転訛したものであることがわかるのだ。ここまで大和言葉を420語以上解析してみて、筆者は声を大にしてこう公言できるのだ：

「あなたが毎日読み・書き・聞いて・話している日本語とは、漢字の皮を被ったシュメール語である!!」と。

　この意味においては、「あなたも私もシュメール人⁉」なのだと）

24.　さ、お次は「心ばえがいい」になります。最近では「インスタ映え」という言葉が目立つように、物事の外見ばかりを捉えて視覚に訴え、他人の評価ばかりを気にする、いわゆる「社会的認知」の欲求度が高い人が多くなっているような気がします。「ココロ映え」なんて出来たら、もっと気持ちの良い明るい社会になるかと思うのですが…。

●心ばえがいい（ココロバエガイイ）：心：する・する：我：良い・良い
　　lipish du₃ du₃ ga du₁₀ du₁₀（心：する・する：我：良い・良い）
　　lipishu bu-mu ga di-di
　　dikir'o ba-me ga 'i-'i（i-d, p-k, s-r）
　　kokoro ba-'e　ga i-i（d-k）
　　kokoro-bae　　ga ii

kokorobae-ga ii

kokorobaega-ii

kokorobbaegaii（ココロバエガイイ　心ばえがいい）

　　　　（参考：「心ばえがいい」とは、「心の働きがいい。性質がいい。気立てがいい」である。）

　　　　（解釈：先ず、「心ばえ」とは「心の働き」のことなので「lipish du$_3$ du$_3$：心：する・する」と言い表わし、次に格助詞の「が」は「主格を示す」ものなので「ga：我」と言い表し、そして「いい」は「良い」ことなのでダブルで「du$_{10}$ du$_{10}$：良い・良い」と言い表すのだ。）

　すると、総じて「心ばえがいい」とは、祖語であるシュメール語では「lipish du$_3$ du$_3$ ga du$_{10}$ du$_{10}$（心：する・する：我：良い・良い）」と言い表すのだ。

　こんな奥ゆかしい大和言葉とばかり思えた「心ばえがいい」も終わってみれば100％シュメール語であり、「lipish du$_3$ du$_3$ ga du$_{10}$ du$_{10}$（心：する・する：我：良い・良い）」が音韻転訛したものであることがわかるのだ。つまり、アヌンナキの言葉である（今で言うところの）シュメール語を母音語化（日本語化）したものが「大和言葉」なのだ）

25. お次は羨ましい姿の「天真爛漫」です。古希を過ぎた筆者には、何の心配も屈託もなく遊んでいる園児たちの天真爛漫な姿に心が洗われる時があります。最近は降って湧いて来る火の粉に心が毎日苛まされています。家の前も後ろも45m〜50mの高層マンションが3棟も建設されているのです。最悪の住環境です。毎日毎日、騒音と振動で気が休まる暇がないのです。そんな環境の中で、本当は自分も園児たちのように「天真爛漫」になりたいと心の奥では願っているのですが…。

第2章：文字は歴史と文化と宗教の集大成！

●天真爛漫（テンシンランマン）：天・生まれ：光り輝く・ある

t-an s-umu zalug m-am₃（天・生まれ：光り輝く・ある）(t-, s-：冠
詞音)

t-en s-im' samu' m-an

t-en s-in ram' -man

ten-sin ranman

tensin-ranman（テンシン・ランマン 元の音韻と音節）

tensinranman（テンシンランマン 天真爛漫）

　　　　　（参考：「天真爛漫」とは、「飾り気がなく、ありのままであ
ること。無邪気で明るいこと」である）
　　　　　（解釈：先ず、「天真」とは「気持ちや性質などが生まれた
時のままで、飾りけがなく、自然で純粋なこと」なので「t-an
s-umu：天・生まれ」(t-, s-：冠詞音)と言い表し、次に「爛漫」は
「明るく光り輝く様子」なので「lam₂ m-am₃：光り輝く・ある」と言
い表すのだ。
　すると、総じて「天真爛漫」とは「飾り気がなく、ありのままであ
ること。無邪気で明るいこと」であるのだが、それを祖語であるシュ
メール語では「t-an s-umu zalug m-am₃：天・生まれ：光り輝く・あ
る」(t-, s-：冠詞音)と、つまり「生まれたままのように無邪気で明
るく光り輝く（様子)」と言い表すのだ。
　てっきり大和言葉だと思えた「天真爛漫」も終わってみれば100%
シュメール語の「t-an s-umu zalug m-am₃：天・生まれ：光り輝く・
ある」が音韻転訛したものであることがわかるのだ。ごく当たり前の
ことだが、アヌンナキの直系の子孫が日本人であり、片やシュメール
人であるからだ。日ユ同祖論どころではないのだ。因みに、「爛漫」
と聞いて、「春爛漫の花の香や　我南風に見返れば……」は筆者の母
校・新潟県立糸魚川高校の校歌の冒頭の一節である。懐かしい限りで
ある)

26．次は、何となく近寄りがたい響きの「やんごとない」になります。

75

一生、人からそう言われることも、また使うこともないと思いますが、「やんごと」の祖語を知る機会を与えられたことに感謝しています。

● やんごとない（ヤンゴトナイ）：終わる：する・する：否定・ある

til du$_3$ du$_3$ nu am$_3$（終わる：する・する：否定・ある）

tilu gu-tu' nu-amu

simu 'igo-to nu-ami

jami-goto　　na'i（s-j）（母音調和による縮音）

yan'-goto　　nai

yangoto-nai

yangotonai（ヤンゴトナイ　やんごとない）

　　　　（参考：「やんごとない」とは、「非常に貴い。身分が高い」である。元は「止むことがない」が転じたもの）
　　　　（解釈：先ず、「やんごと」の「やん」とは「止めること」なので「til：終わる」と言い表わし、次に「ごと」とは「〜すること」の意なので「du$_3$ du$_3$：する・する」とダブルで言い表わし、そして「ない」とは「あることがない」ことなのでそのまま「nu am$_3$：否定・ある」と言い表わすのだ。
　　　すると、総じて「やんごとない」とは「til du$_3$ du$_3$ nu am$_3$：終わる：する・する：否定・ある」と言い表わすのだ。しかし、時代と身分格差を考えると、天皇など高貴な方々にはお辞儀をすることが常であったので、筆者も小学生の頃、天皇陛下の列車が学校の近くを通るというので、学校総出でお見送りをしたことがある。先生に言われたものだ。「列車が通るまでは頭を上げてはいけない！」と。天皇が現人神であると考えられていた時代の話である。こうして、てっきり大和言葉だと思えた「やんごとない」も終わってみれば100％シュメール語の「til du$_3$ du$_3$ nu am$_3$：終わる：する・する：否定・ある」が音韻転訛したものであることがわかるのだ。それもそのはず、アヌンナキが縄文人に教えた由緒正しき言葉（後に「シュメール語」と呼ばれる）こそが後の「大和言葉」なのだから）

27．お次は「気の置けない」です。人とのコミュニケーションを考える時、ある程度は「気の置けない」人がいないと職場でも近所づきあいにしても大変ストレスを溜め込んでしまうかと思います。でも、それも度を超えてしまうと「親しき中にも礼儀あり」なんて言われてしまいます。なかなか人付き合いも難しいですよね。

●気の置けない（キノオケナイ）：心・の（そこに）ある：否定・ある
　lipish na kub nu am₃（心・の・（そこに）：ある・否定・ある）
　'kish no kubu n'-amu（mu：語尾の母音語化は「神の法則」）
　ki'-no　　 'odu n-ami
　kino-oge　　 n-a'i
　kino-oke　　 nai
　kinooke-nai
　kinookenai（キノオケナイ　気の置けない）
　　　　　（参考：「気の置けない」とは、「気を使う必要がない。仲睦まじい様子」である）
　　　　　（解釈：先ず、「気」は「心」なのでそのまま「lipish：心」と言い表し、次に、格助詞の「の」は「na：の」と言い表わし、続いて、「置く」は置くと「そこに在る」ことなので「kub：（そこに）ある」と言い表し、そして最後の「否定」の「〜ない」は「あることがない」ことなので「nu am₃：否定・である」と言い表すのだ。
　すると、総じて「気の置けない」とは「振る舞いの中にいちいち心を入れないでもいい」、つまり「気を使う必要がない。仲睦まじい様子」であるのだが、それを祖語であるシュメール語では「lipish na kub nu am₃：心・の・（そこに）ある・否定・ある」と言い表すのだ。
　てっきり純粋な大和言葉だと思えた「気のだ。の置けない」も生粋のシュメール語であり、100％「lipish kub nu-am₃：心・（そこに）ある・否定・である」が音韻転訛したものであることがわかるのだ。
　実を言うと、アヌンナキの言葉（今で言う「シュメール語」）は縄文時代の縄文人に教えられ、それが「大和言葉」になるのだ。その後、

シュメール人にも教えられ、やがてそれが海路と陸路を伝わり、再度日本で合流したものである。それ故、『ホツマツタヱ』の記述は正しいと思えるのだ）

28．さて、お次は何かに「長（た）けて」いるような響きの「ろうたけた」ですが、本当の所はどうなんでしょうか？

●ろうたけた（ロウタケタ）：複数・長い
　　　　　　lal sud-da（複数・長い）
　　　　　　la' sudu-ta
　　　　　　lo　tugu-ta
　　　　　　lou taku-ta
　　　　　　lou-taketa
　　　　　　loutaketa（ロウタケタ　ろうたけた）

　　（参考：「ろうたけた」とは、「１．女性が一番美しく気品がある　２．経験を積んで立派になっている」である。因みに、専門的には「ろうたけた（﨟長ける）」の「﨟（ろう）」とは、僧侶が受戒後90日間の安居（あんご）、つまり修行を一先ず終えることである。そして、その安居の年数が長いことが「ろうたけた（﨟長ける）」ということである）
　　（解釈：先ず、「ろう（﨟）」とは修行の内容と日数が「沢山」あるので「lal：複数」と言い表し、次に「長けた」とは「長い」ことなのでそのまま「sud-da：長い」と言い表すのだ。
　すると、両者併せて「ろうたけた」とは、「１．女性が一番美しく気品がある　２．経験を積んで立派になっている」の意なのだが、それを祖語であるシュメール語では「lal sud-da：複数・長い」と言い表すのだ。
　こんな優美な大和言葉「ろうたけた」も終わってみれば100％シュメール語であり、「lal sud-da：複数・長い」が音韻転訛したものであることがわかるのだ。『舟を編む』（三浦しおん著、光文社）の「辞書

という舟で言葉の大海を渡れ」ではないが、筆者は今独りで「比較言語学という小舟で大和言葉の、ひいては日本語の大海を渡って」いるのだ。広大無辺の大海原の中を…独りぽつんと。しかし、いつの日か筆者もその「ろうたけた」時を迎えたいものである。日本の歴史と文化と宗教の更なる発展のためにも…。）

29. 次は、意味が直ぐわかる「鼻柱が強い」になります。だから、人はその鼻柱をへし折ってみたくなるのです。お〜、くわばらくわばら。

●鼻っ柱が強い（ハナッパシラガツヨイ）：鼻・柱：我：強い・満たす

kir$_4$ rab-kam$_2$-me ga kal-ga si （鼻・柱：我・強い・満たす）
kiru la'-sa'-le 　　 ga sa'-go 'i （ru：語尾の母音語化は「神の法則」）
gilu da-si-la 　　 ga ta-djo i （k-g, s-t, g-dj）
didu ba-shi-la 　　 ga tu-'jo i （g-d, d-b）
binu pa-shi-la 　　 ga tujo-i （d-b, b-p）
hina pashila 　　 ga tsuyoi
hana-ppashila 　　 ga tsuyoi
hanappashila-ga 　　 tsuyoi
hanappashilaga-tsuyoi （ハナッパシラガ・ツヨイ　元の音節と音韻）
hanappashilagatsuyoi （ハナッパシラガツヨイ　鼻っ柱が強い）

　　　　（参考：「鼻っ柱が強い」とは、「自分を強く主張して譲らず、人に張り合う気持ちが強い。きかぬ気である」である）
　　　　（解釈：先ず、「鼻」は「鼻」なので「kir$_4$：鼻」と言い表し、次に「柱」も「柱」なので「rab-kam$_2$-me：柱」と言い表し、続いて格助詞の「が」は「主格を示す」ものなので「ga：我」と言い表し、そして「強い」は「強い雰囲気で満たされ」ているので「kal-ga si：強い・満たす」と言い表すのだ。
　　すると、総じて「鼻っ柱が強い」とは、「自分を強く主張して譲ら

ず、人に張り合う気持ちが強い。きかぬ気である」であるのだが、それを祖語であるシュメール語では「kir$_4$ rab-kam$_2$-me ga kal-ga si：鼻・柱：我：強い・満たす」と、つまり「鼻っ柱が強い雰囲気で満たされている」と言い表す。ともあれ、てっきり大和言葉の「鼻っ柱が強い」も終わってみれば100％シュメール語であり、「kir$_4$ rab-kam$_2$-me ga kal-ga si：鼻・柱：我：強い・満たす」が音韻転訛したものであることがわかるのだ。それでも自説「大和言葉は100％シュメール語である！」の鼻っ柱を折ってみたいですか？

30. お次は「目端が利く」。字面を見ただけで、物を見る目があるなという印象だ。そんな人は、場の雰囲気を読むのにも長けていそうですね。

● 目端が利く （メハシガキク）：目・輪形にする：我：捜し出す
　　　　　　　　igi ba ti ga kig$_2$ （目：部分・端：我：捜し出す）
　　　　　　　　'mi ha-si ga kigu （gu：語尾の母音語化は「神の法則」）
　　　　　　　　me-hashi ga kiku
　　　　　　　　mehashi-ga kiku
　　　　　　　　mehashiga-kiku
　　　　　　　　mehashigakiku （メハシガキク　目端が利く）

　　　　（参考：「目端が利く」とは、「場合場合を見計らう機転が利く」ことである）
　　　　（解釈：先ず、「目」は「目」なのでそのまま「igi：目」と言い表し、次に「端」は全体の「一部分の端」なのでそのまま「ba ti：部分・端」と言い表し、続いて格助詞の「が」は「主格を示す」ものなので「ga：我」と言い表し、そして「利く」とは見計らう時期を「捜し出す」ことなので「kig$_2$：捜し出す」と言い表すのだ。

　すると、総じて生粋の大和言葉と思えた「目端が利く」もやはり100％シュメール語であり、「igi hara ga kig$_2$：目・輪形にする：我：捜し出す」が音韻転訛したものであることがわかるのだ。これでお分

第2章：文字は歴史と文化と宗教の集大成！

かりのように、「日本固有の大和言葉」などというものは何処にも存
在しないようですね）

31．お次はよくわからない響き「かまびす」の「かまびすしい」です。
一体どんな意味の言葉なのでしょうか？「かまとと」と何か関係して
いるのでしょうか？

●かまびすしい（カマビスシイ）：騒がしさ・満たす
　　　　　　　　gad-tad-si si（騒がしさ・で満たす）
　　　　　　　　ka'-tadu-su shi
　　　　　　　　ka-dabu-su shii
　　　　　　　　ka-mabi-su shii
　　　　　　　　kamabisu-shii
　　　　　　　　kamabisushii（カマビスシイ　かまびすしい）

　　　　　（参考：「かまびすしい（喧しい）」とは、「やかましい。騒
がしい。うるさい」である）
　　　　　（解釈：先ず、「かまびす（喧）」とは「騒がしい」ことなの
でそのまま「gad-tad-si：騒がしさ」と言い表し、次に「…しい」は
ある雰囲気で「満たされている」ことなので「si：で満たす」と言い
表すのだ。
　　すると、「かまびすしい（喧しい）」とは、「やかましい。騒がしい。
うるさい」であるのだが、それを祖語であるシュメール語では「gad-
tad-si si：騒がしさ・で満たす」と、つまり文字通り「騒がしい」と
言い表すのだ
　　このように、大和言葉と思えた「かまびすしい」もやはりシュメー
ル語であり、「gad-tad-si si：騒がしさ・で満たす」が100％音韻転訛
したものであることがわかるのだ。意外や意外、「日本固有の言葉」
と思われてきた大和言葉の故郷はアヌンナキの言葉、今で言うところ
の「シュメール語」だったのである！）

81

32．次は「まめまめしい」。音韻的には「まめ」が「よく働く」ことだから、それがダブルの「まめまめしい」は「非常によく働く」ことであろうか。ただ、「まめまめ」が何だか可愛い響きにもしてくるのだが、本当のところはどうだろうか。

●まめまめしい（マメマメシイ）：縛る／束ねる・不可欠な要素：縛る／束ねる・不可欠な要素：満たす

　　ma me ma me si（縛る／束ねる・不可欠な要素：縛る／束ねる・不可欠な要素：満たす）

　　ma-me ma-me shi

　　mame-mame　shii

　　mamemame-shii

　　mamemameshii（マメマメシイ　まめまめしい）

　　　　（参考：「まめまめ（忠実忠実）しい」とは「真面目で、よく働く」ことである。）

　　　　（解釈：先ず、「真面目な」「忠実な」というシュメール語は見当たらない。ここは頭の使い所だ。すると、シュメールなので葦が沢山生い茂るデルタ地帯がイメージされてきた。その葦を刈り取り、それを「縛る／束ねるという労働の不可欠な要素」とは「真面目さと忠実さ」なので、「まめまめ」とは「ma me ma me：縛る／束ねる・不可欠な要素：縛る／束ねる・不可欠な要素」と言い表わすのだ。次に「しい」とは「そういう雰意気に満たされている」ので「si：満たす」と言い表わすのだ。

　　すると、両者併せて「まめまめしい」とは「ma me ma me si：縛る／束ねる・不可欠な要素：縛る／束ねる・不可欠な要素：満たす」と言い表すのだ。こうして、大和言葉とばかり思えた「まめまめしい」も100％シュメール語であり、「ma me ma me si：縛る／束ねる・不可欠な要素：縛る／束ねる・不可欠な要素：満たす」が音韻転訛しない特例であることがわかるのだ。こうなると、「日本固有の大和言葉」だなどと言っているのは、もはや「時代遅れ」であり「時代錯誤」な

のかも知れませんね。）

33. さ、最後は「いとけない」です。音韻的には「あどけない」と
「いとしい」を足して二で割ったような響きの言葉ですが、本当のと
ころはどうなんでしょうか？

●いとけない（イトケナイ）：愛おしい：否定・ある
　　　　　　　ki-ag$_2$-ga$_2$ nu am$_3$（愛おしい：否定・ある）
　　　　　　　'i-'gu-ge　na amu
　　　　　　　i-do-ke　n'-ami
　　　　　　　i-to-ke　nami
　　　　　　　itoke-na'i
　　　　　　　itoke-nai
　　　　　　　itokenai（イトケナイ　いとけない）

　　　　（参考：「いとけない」とは、「幼い。あどけない」である）
　　　　（解釈：先ず、「いとけ」とは「あどけ」と同じで「（幼なく
て）可愛らしい」ことの意であるので「ki-ag$_2$-ga$_2$：愛おしい」と言い
表わし、次に、「ない」とは「あることがない」つまり「それ以上愛
おしいのものは無いので「nu am$_3$：否定・ある」と言い表わすのだ。
　　すると、両者併せて「いとけない」とは「ki-ag$_2$-ga$_2$ nu am$_3$：愛お
しい：否定・ある」と言い表すのだ。
　　こんな美しく切ない大和言葉だと思えた「いとけない」も生粋のシュ
メール語であり、「ki-ag$_2$-ga$_2$ nu am$_3$：愛おしい：否定・ある」が音
韻転訛したものであることがわかるのだ。つまり、関係諸氏が何と言
おうとも、「日本固有の大和言葉」は紛れもなく純粋なシュメール語
であると言えるのだ）

　　さ、皆さん、如何でしたか？　とりあえず、ここまで〈少し長いも
の13語〉すべてシュメール語でしたね。でも、まだあと〈かなり長
いもの7格言〉があります。今度は手強そうですね。簡単にはいかな

83

いような気がします。油断はできませんね。すべてシュメール語では解析できないという可能性だってあるかも知れませんからね。とは言え、確率論的にはもうそんな戯けた論理は通用しませんけどね。ま、とにかく粛々と解析を続けましょう。（因みに、その「しゅくしゅく（粛々）」もシュメール語でした。未だ覚えていますか？　「sig sig：静かな・静かな」でしたよね。（笑））

〈かなり長いもの７文〉：
　袖振り合うも他生の縁・長い物には巻かれろ・渡る世間に鬼はなし・物言えば唇寒し秋の風・案ずるより産むが易し・夫婦喧嘩は犬も食わぬ・お前百までわしゃ九十九まで

34．では、〈かなり長いもの７格言〉の先陣を飾るのは「袖振り合うも他生の縁」という格言になります。もしかすると、人生などと言うものはこの不思議な縁（えにし）で結ばれているのかも知れませんね。「袖振り合う」も活かせば「縁起良し」、活かされねば只の「ご縁なし」。その人の心がけ次第かと思えることもあります。

●袖振り合うも他生の縁（ソデフリアウモタジョウノエン）：布・腕：（風が）吹く・対向：強大な：複数・生まれ：の・司祭者
　　sha$_3$-ha da bul$_{(5)}$ ub mah lal umu na en-si（布・腕：（風が）吹く・見る・対向：強大な：複数・生まれ：の・司祭者）
　　sho-'　　du bulu ubu-ma' la'-ugu　no en-'
　　s'o-de　　huli　amu mo da-'gu　no en
　　sode　　fuli　a'u-mo　ta-djo　no en
　　sode　　fuli-aumo　　ta-'jou　no en
　　sode-fuliaumo　tajou-no　　　　　　　　en
　　sodefuliaumo tajouno-en
　　sodefuliaumo-tajounoen
　　sodehuliaumotajounoen（ソデフリアウモタジョウノエン　袖振り
　　　　　　　　　合うも他生の縁）

（参考：「袖振り合うも他生の縁」とは、「ちょっとした関係も前世からの因縁であるという喩え」である）

　（解釈：先ず、「袖」だが「腕を包む布」なので「sha₃-ha da：布・腕」と言い表し、次に「振る」は客観的には「風が吹いて揺れている」ように見えるので「bul₍₅₎：（風が）吹く」と言い表し、続いて難しい「〜（し）合う」は「向き合う」ことなので「ub：対向」と言い表し、更に「も」は副助詞で「強調」の意であるので「mah：強大な」と言い表すのだ。

　次に、「他生（タジョウ）」は「多生」と書き、「何度も生まれ変わる」ことなので「lal umu：複数・生まれ」と言い表し、連体関係を示す格助詞の「の」は「na：の」と言い、最後の「縁」は「えにし」と発音するように、元々は司祭者が中に入って両者の縁を取り持つことなので「en-si：司祭者」と言い表すのだ。

　すると、総じて「袖振り合うも他生の縁」とは「ちょっとした関係も前世からの因縁であるという喩え」であるのだが、それを祖語であるシュメール語では「sha₃-ha da bul₍₅₎ ub mah lal umu na en-si：布・腕：（風が）吹く・対向：強大な：の・司祭者」と言い表すのだ。

　てっきり大和言葉だと思えた「袖振り合うも他生の縁」も終わってみれば100％シュメール語であり、「sha₃-ha da ubu₍₅₎ igi di lal umu na en-si：布・腕：（風が）吹く・対向：強大な：複数・生まれ：の・司祭者」が音韻転訛したものであることがわかるのだ。因みに、「袖を振る」とは袖を振って異性に興味・好意があるとを伝える「秋波を送る」という意味である。

　因みに、今回の「袖振り合うも他生の縁」といい、後に出て来る「渡る世間に鬼はなし」といい、どうも仏教的な教えというか格言というか、どうもアヌンナキのエンキ派の教えの流れを汲んでいるような気がすると感じるのは筆者だけであろうか。）

35．お次は、筆者の大嫌いな格言「長い物には巻かれろ」です。古希を過ぎた今でもこの気持ちに変わりはありません。筋が通らないよ

うな権力・勢力には負けたくはないのです。今書いているこの原稿だって、無知で愚かな学会などには絶対負けたくない気持ちで一杯です。「長い物には巻かれろ」➡それでは革命は起こらないし、世の中何も変わらない！　最後に勝つのは「愛と真実」だけなのです！

●長いものには巻かれろ（ナガイモノニハマカレロ）：長くある・長くある：名前・形：〜によって・判断する：円運動をする・縛る：反対の動作・する

　　gid$_2$ sud mu nu ni-ta di gur la$_2$ la du$_3$

　　（長くある・長くある：名前・形：〜によって・判断する：円運動をする・縛る：反対の動作・する）

　　gidu-su' mo-no ni-'di　gu'-da le-lu

　　diga-si　mono　ne-bi　mu-ga le-lo

　　niga-'i　mono　ni-ha　ma-ka le lo

　　nagai-mono　　niha　　maka-le lo

　　nagaimono-niha　　　makalelo

　　nagaimononiha-makalelo

　　nagaimononihamakalelo（ナガイモノニワマカレロ　長い物には巻
　　　　　　　　　　かれろ）

　　　　（参考：「長いものには巻かれろ」とは、「権力・勢力のある者には反抗しないで従ったほうが得だ」の意である）

　　　　（解釈：先ず、「長い」は「長くある（長い）」が２語になって「gid$_2$ sud：長くある・長くある」と言い表し、次に「もの（物）」とは「形あるものに付けられた名前」のことなので「mu nu：名前・形」と言い表し、続いて難しい「〜には」は行為者を表す「〜によって」の「に」と「判断の主題を示す」副助詞「は」が一緒になったものなので「ni-ta di：〜によって・判断する」と言い表し、更に「巻く」は「ぐるぐると縛る」ことなので「gur la$_2$：円運動をする・縛る」と言い表し、そして最後の「〜れろ」だが、「受動態と命令形」なので「la du$_3$：反対の動作・する」と言い表すのだ。

第2章：文字は歴史と文化と宗教の集大成！

　すると、「長いものには巻かれろ」とは「権力・勢力のある者には反抗しないで従ったほうが得だ」の意であるが、それを祖語であるシュメール語では「gid$_2$ sud mu ni-ta di gur la$_2$ la du$_3$：長くある・長くある：名前・形：〜によって・判断する：円運動をする・縛る：反対の動作・する」と言い表すのだ。

　ともあれ、こればかりはてっきり大和言葉だと思えた「長い物には巻かれろ」も終わってみれば100％シュメール語であり、「gid$_2$ sud mu nu ni-ta di gur la$_2$ la du$_3$：長くある・長くある：名前・形：〜によって・判断する：円運動をする・縛る：反対の動作・する」が音韻転訛したものであることがわかるのだ。

　因みに、この考え方は支配者側の「数の論理」によるものであり、基本的に幼少の頃から古希を過ぎた今でも、筆者は大嫌いである。「歴史の真実」と「知性」に反するからだ。シュメールでも日本でもこの考え方は同じようだが、それでは革命は起こらないし、世の中は変わらないのだ。➡しかし、これが「争いを好まない」というYAP遺伝子へと繋がるのだ！（終章）

36.　お次の格言は、困った時には必ず誰かが見ていて救いの手を差し伸べてくれるものだという意味の「渡る世間に鬼はなし」になります。似たような格言に「捨てる神あれば拾う神あり」があります。果たしてこんな格言も本当に祖語がシュメール語なのかどうか、楽しみです。

●渡る世間に鬼はなし（ワタルセケンニオニハナシ）：渡る・する：場所（世界）：場所：悪魔・悪魔：否定・ある

　　bal du$_3$ ki-gar ki hul hul di nu am$_3$（渡る・する：場所(世界)：場所：悪魔・悪魔：判断する：否定・ある）

　　balu-lu si-kal gi hu'-bu'　bi n'-amu（lu, mu：語尾の母音語化）

　　vadu-lu se-kam mi 'o-nu　ba n-ami

　　watu-lu se-ken ni o-ni　　ha nadi

　　wata-lu seken ni oni　　　ha nati

　　watalu-seken ni oni　　　 ha nasi

watalu-seken ni oniha-nashi

wataluseken-ni onihanashi

watalusekenni-onihanashi（ワタルセケンニ・オニハナシ　元の音
韻と音節）

watalusekennionihanashi（ワタルセケンニオニハナシ　渡る世間に
鬼はなし）

　　　　（参考：「渡る世間に鬼はなし」とは、「世間は無情のように
見えるが、困ったときに助けてくれる情け深い人も必ずいるものだ」
である）

　　　　（解釈：先ず、「渡る」は「渡る」ことなのでそのまま「bal
du₃：渡る・する」と言い表し、次に「世間」は人々が住む「場所（世
界）」のことなので「ki-gar：」と言い表し、更に「に」は「場所」を
示す副助詞なので「ki：場所」と言い表すのだ。

　次に、「鬼」はシュメールでは「悪魔」のことなのでダブルで「hul
hul：悪魔・悪魔」と言い表し、副助詞の「は」は「判断の主題を示
す」ものなので「di：判断する」と言い表し、最後に「否定」の「な
し」は「あることがない」ので「nu am₃：否定・ある」と言い表す
のだ。

　すると、総じて「渡る世間に鬼はなし」とは、「世間は無情のよう
に見えるが、困ったときに助けてくれる情け深い人も必ずいるもの
だ」であるのだが、それを祖語であるシュメール語では「bal du₃ ki-
gar ki hul hul di nu am₃：渡る・する：世界・世界：場所：悪魔・悪
魔：判断する：否定・ある」と言い表すのだ。つまり、文字通り「渡
る世間に悪魔はない」と言い表すのだ。

　ご覧のように、てっきり大和言葉だと思えた名文句「渡る世間に鬼
はなし」も終わってみれば100％シュメール語であり、「bal du₃ ki-gar
ki hul hul di nu am₃：渡る・する：場所（世界）：場所：悪魔・悪魔：
判断する：否定・ある」が音韻転訛したものであることがわかるのだ。

　有名だった連続TVドラマ「渡る世間は鬼ばかり」のタイトルもシ
ュメール語であるとなると、作家の故橋本壽賀子さんやフアンの方々

もさぞかし驚かれることであろうが、それ程までにシュメール語は身近な存在なのだ。日本語はシュメール語であり、日本人自体がアヌンナキの直系の子孫だからである。そのことは「終章」で扱うことにする。

　因みに、その「…ばかり」もれっきとしたシュメール語の「bad am_3 去る・である」である。bad am_3 ➡ bag-amu ➡ bak-alu ➡ bak-ali ➡ bakali（バカリ：消去すると〜だけになる））

37．さて、お次の格言は「物言えば唇寒し秋の風」ですが、「ハッキリものを言うと災いを招くから止めた方が良いよ」と言っているようで、これもあまり好きな格言ではありません。それはともかく、超が三つ付くほど難しいものになります。ずっと成功してきたこれまでの解析の常識が通用しないのです。ミシュランの三つ星ならぬ「超超超」難解な格言ですので、皆さんも心して読んでみて下さい。

●物言えば唇寒し秋の風（モノイエバクチビルサムシアキノカゼ）：
　名前・形：言う・言う：（そう）すれば：口・口・震える：冷たい・冷たい：火男神アンギビル・の・風・吹く
　mu nu e e bi ka ka $tuku_4$ she_{12} $mush_3$×a An Gibil na k-im bu
　（名前・形：言う・言う：（そう）すれば：口・口・震える：冷たい・冷たい：火男神アンギビル・の・風・吹く）（k-：冠詞音）

mo-no	i-e ba	ku-ta dudu sha-mush-i	a'-ki'	no ka'-du
mono	ie-ba	ku-ti dilu s'a-uishi	aki-no	ka-zu
monoieba		kuci-bilu samushi	akino-kaze	（t-c, ci：チ）
monoieba		kuchibilu-samushi	akinokaze	

monoieba-kuchibilusamushi-akinokaze
（モノイエバ・クチビルサムシ・アキノカゼ　元の音節と音韻）
monoiebakuchibilusamushiakinokaze
（モノイエバクチビルサムシアキノカゼ　物言えば唇寒し秋の風）

　　　　（参考：「物言えば唇寒し秋の風」とは、「余計なことを言うと、災いの元になる」ことである）

（解釈：長いので３段に分けることにします。先ず、１段目の「物言えば」。「物」とは「形あるものに付けられた名前」なので「mu nu：名前・形」と言い表し、「言う」は「言う」ことなのでダブルで「e e：言う・言う」と言い表し、「ば」は命令法の従属接続詞の「（そうすれ）ば：and」と同じ意味合いなので「bi：（そうすれ）ば」と言い表すのだ。

　次に２段目の「唇寒し」。先ず、「唇」は漢字の如く「唇が震える」ものなので「ka ka tuku$_4$：口・口・震える」と言い表し、「寒し」は「冷たい」ことなのでダブルで「she$_{12}$ mush$_3$×a：冷たい・冷たい」と言い表すのだ。因みに、mush$_3$×a の「×」は前後を重ねるという意味です）

　次に３段目の「秋の風」。先ず、「秋」は「燃える秋」なので火男神アンギビル神の名前を使いますので「An Gibil：火男神アンギビル」と言い表し、「の」は「na：の」と、そして「風」は「吹く風」のことなので「im bu：風・吹く」と言い表すのだ。

　すると、１段目〜３段目総じて、「物言えば唇寒し秋の風」とは「余計なことを言うと、災いの元になる」ことであるのだが、それを祖語であるシュメール語では「mu nu e e bi ka ka tuku$_4$ she$_{12}$ mush$_3$×a An Gibil na k-im bu：名前・形：言う・言う：（そう）すれば：口・口・震える・震える：火男神アンギビル・の・風・吹く」（k-：冠詞音）と言い表すのだ。2020年の元Ｍ総理（東京五輪・パラリンピック大会組織委員会会長）の女性蔑視発言がその好例だ。折角、コロナ禍の中でここまで頑張ってきた関係者や選手や国民の努力に水を差してしまった。TPO が悪すぎたようだ。筆者も「他山の石」としなければならない。

　ともあれ、てっきり大和言葉だと思えた「物言えば唇寒し秋の風」も終わってみれば100％シュメール語であり、「mu nu e e bi ka ka tuku$_4$ she$_{12}$ mush$_3$×a An Gibil na k-im bu：名前・形：言う・言う：（そう）すれば：口・口・震える・震える：火男神アンギビル・の・風・吹く」（k-：冠詞音）が音韻転訛したものであることがわかるの

だ。因みに、かの俳人・松尾芭蕉もこれを「座右の銘」として用いていたとのことであるが、それがシュメール語であると知ったら何としょう。果たして「唇寒し」となるであろうか)

38. 格言は、長い間の実体験によって培われた日本人の叡智や世渡りの極意とやらがぎっしり詰まっている「宝石箱」である。好き嫌いは別として、そこから学ぶことが実に多い。その一つが「案ずるより産むが易し」であろう。筆者を筆頭に、思い当たる諸氏も多いかと思う。

●案ずるより産むが易し(アンズルヨリウムガヤスシ):ある・心配する・〜より:産む・我:手・否定:満ちている
　　am₃ gu₄-ud ugu umu di shii hu si (ある・心配する:〜より:産む・我:手・否定:満ちている)

　　an　du-udu yudu umu-gi ju-du　shi
　　an　zu-'lu　yolu umu-ga ya-tu　shi
　　an　zulu　　yoli umuga ya-su　shi
　　an-zulu　　　yoli umuga yasu-shi
　　anzulu-yoli　　　umuga yasushi
　　anzuluyoli　　　umuga-yasushi
　　anzuluyoli-umugayasushi
　　anzuluyoliumugayasushi (アンズルヨリウムガヤスシ　案ずるより産むが易し)

　　　　(参考:「案ずるより産むが易し」とは、「物事は実際にやってみると、前もって心配していたよりもた易いものだ」である)
　　　　(解釈:先ず、「案ずる」とはあれこれ「心配する」ことであるので「am₃ gu₄-ud:ある・心配する」と言い表し、次に、比較の「〜より」はそのまま「ugu:〜より」と言い表し、続いて「産む」は「産む」ことなのでそのまま「umu:産む」と言い表し、更に「が」は「主格を示す」格助詞なので「ga:我」と言い表し、そして最後の

91

「易し」とは「簡単に出来るようす」、つまり「手がかからないようす」の意なので「shu nu si：手・否定・満たす」と言い表すのだ。

　すると、「案ずるより産むが易し」とは、「物事は実際にやってみると、前もって心配していたよりもたやすいものだ」であるのだが、それを祖語であるシュメール語では「am₃ gu₄-ud ugu umu ga shu nu si：ある・心配する：〜より：産む・我：手・否定・満たす」と、つまり「あれこれ心配するよりも早く産んだほうが手数がかかんないんだよ」と言い表すのだ。

　すると、またまた今回も「シュメール語＝大和言葉」なのだと実感する次第だ。口先だけで否定するのは簡単なことだが、これだけ多くの解析実例を前にすると、軽はずみな否定発言は賢明ではないし、むしろ自らの無知と愚かさを露呈することになってしまうのだ。

　ともあれ、今度もてっきり大和言葉だと思えた「案ずるより産むが易し」も終わってみれば100％シュメール語であり、「am₃ gu₄-ud ugu umu di shu nu si：ある・心配する：〜より：産む・決める：手・否定・満たす」が音韻転訛したものであることがわかるのだ。「比較言語学」は本当に素晴らしい！　一日でも早く世界に広まって欲しいものである）

39．お次は、世界中どこの国でもいつの時代にも言われている「夫婦喧嘩は犬も食わぬ」になります。筆者の家でもこの格言に違わず、ほぼ毎日家内と些細なことで夫婦喧嘩をしているのだ。まるでそれが日課でもあるかのように…。喧嘩の種は決まって食べ物のこと。1時間もするとお互いにケロッと忘れて、何事もなかったかのように振る舞う毎日だ。夫婦喧嘩は日課となっているのだ。

　夫婦だから出来るわけで、他人とだったならこうはならないと思うのです。それが夫婦たる所以でしょうか。皆さんの「夫婦喧嘩」は如何なものでしょうか？　喧嘩をすればするほど仲が良くなるというのもありますからね…。赤の他人には理解できないことなのかも知れませんね。

第2章：文字は歴史と文化と宗教の集大成！

●夫婦喧嘩は犬も食わぬ（フウフゲンカハイヌモクワヌ）：対向・対
向・喧嘩・喧嘩・喧嘩：判断する：犬・強い：食う・食う：否定

　ub ub du$_{14}$ du$_{14}$ du$_{14}$ di ur mah ka ka nu（対向・対向・喧嘩・喧嘩・
　喧嘩：決める：犬・〜もまた・強い：食う・食う：否定）
　ubu-ubu gu-gu-gu bi uru-ma' ku-ga nu
　'bu-'bu ge-m'-ku hi iru-mo ku-da nu
　 pu-pu ge-n-ka ha 　　ilu-mo ku-ba nu
　 fufu-genka ha 　　　 inu-mo ku-va nu
　 fufugenka ha 　　　 inumo ku-wa nu
　 fufugenka-ha 　　　 inumo kuwa-nu
　 fufugenka-ha 　　　 inumo-kuwanu
　 fufugenkaha-inumokuwanu
　 fufugenkahainumokuwanu（フウフゲンカハイヌモクワヌ　夫婦喧
　　　　　　　　　　　　　　嘩は犬も食わぬ）

　　　（参考：「夫婦喧嘩は犬も食わぬ」とは、「何でも喰らう犬で
　も食わない取るに足らないこと」である）
　　　（解釈：先ず、「夫婦」はいつも「向き合う」ものなのでダ
　ブルで「ub ub：対向・対向」と言い表し、「喧嘩」すると騒がしいの
　でトリプルで「du$_{14}$ du$_{14}$ du$_{14}$：喧嘩・喧嘩・喧嘩」と言い表し、「は」
　は「判断の主題を示す」副助詞なので「di：判断する」と言い表すの
　だ。
　　次に、「犬」は「犬」なのでそのまま「ur：犬」と言い表し、「も」
　は「強調」の副助詞なのでそのまま「mah：強い」と言い表し、最後
　の「食わぬ」は「食うの否定」なのでダブルで「ka ka nu：食う・食
　う・否定」と言い表すのだ。
　　すると、総じて「夫婦喧嘩は犬も食わぬ」とは、「何でも喰らう犬
　でも食わない取るに足らないこと」であるのだが、それを祖語である
　シュメール語では「ub ub du$_{14}$ du$_{14}$ du$_{14}$ di ur mah ka ka nu：対向・

対向・喧嘩・喧嘩・喧嘩：判断する：犬・強い：食う・食う：否定」
と言い表すのだ。

　ともあれ、てっきり大和言葉だと思えた「夫婦喧嘩は犬も食わぬ」
も終わってみれば100％シュメール語であり、「ub ub du₁₄ du₁₄ du₁₄ di
ur mah ka ka nu：対向・対向・喧嘩・喧嘩・喧嘩：判断する：犬・
強い：食う・食う：否定」が音韻転訛したものであることがわかるの
だ。筆者が恩師・川崎真治先生から比較言語学を学ばなければ、ここ
まで大和言葉を独りで解析することなど不可能であったであろう。恩
師との善き出会いに本当に感謝する昨今である）

40.　さ、超難度の解析実例の格言も最後の一句となりました。医療
技術と生命科学の進歩により、高齢化社会のその先にあるものを予感
させるような一句「お前百までわしゃ九十九まで」になります。自分
のお腹を痛めてあなたを産み育てて下さった母と父。いつまでも健康
で長生きして欲しいと願うのは自然な気持です。愚かな筆者はそれ
が十分できなかったことを今でも悔いています。親の心、子知らず…。
せめてもの罪滅ぼしにとこの原稿を認（したた）めています。

●お前百までわしゃ九十九まで（オマエヒャクマデワシャクジュクマ
デ）：神・前に：百・百・〜まで：我・我：判断する：九・十・九：
〜まで）（m-, d-：冠詞音）
　u m-igi me me d-en-na ga ga di ilimmu d-u ilimmu d-en-na（神・
　前に：百・百・〜まで：我・我：判断する：九・十・九：〜まで）
　（m-, d-：冠詞音）
　o madi　mu-mu da'-da　　da-za bi 'gu-du- 'gu　da'-da（l-g）
　o-mabi　du-gu　ma-de　　ba-si ba ku-ju-ku　　　ma-de（d-j）
　o-mahe　dyu-ku　made　　va-shi ha kujuku-made
　oma'e　bya-ku　made　　wa-sh' 'a kujuku-made
　omae-hyaku　　made　　wa-sha kujuku-made
　omae-hyakumade　　　　washa kujukumade
　（オマエ・ヒャクマデ：ワシャ・クジュクマデ　元の音韻と音節）

第2章：文字は歴史と文化と宗教の集大成！

omaehyakumade-washakujukumade

（オマエヒャクマデワシャクジュクマデ　お前百までわしゃ九十九まで）

　　　　　　（参考：「お前百までわしゃ九十九まで」とは、「夫婦共々長生きしょうの喩え」である）

　　　　　　（解釈：先ず、「お前」とは古くは「御前」という「天皇または強大な権力者など」を指していたので「u m-igi：神・前に」（m-：冠詞音）と言い表し、次に数詞の「百」は「百（100）」なのでダブルで「me me：百・百」と言い表し、そして「～まで」はそのまま「den-na：～まで」と言い表すのだ。

　次に、「わしゃ」とは「わしは」のことなので「ga ga di：我・我：判断する」（ゃ＝は：副助詞）と言い表し、続いて数詞の「九十九」はそのまま「ilimmu-du-ilimmu：九十九」と言い表し、そして最後の「まで」は先程と同じなので「den-na：～まで」と言い表すのだ。

　すると、「お前百までわしゃ九十九まで」とは、「夫婦共々長生きしょうの喩え」であるのだが、それを祖語であるシュメール語では「u m-igi me me d-en-na ga ga di ilimmu-du-ilimmu d-en-na（神・前に：百・百・～まで：我・我：判断する：九・十・九：～まで」と言い表すのだ。

　因みに、ギネス認定記録によると、高齢出産の世界最高齢記録はインド人女性の74才と言われていますが（日本人は60才）、これからもっと科学が進歩して、長寿大国のその先には「九十九」才だなんてこともあり得るのかも知れない。因みに、旧約聖書の「創世記17：19」には、ヤハウェが予告した通り、アブラハム（100才）の妻サラが90才の時に子（イサク）を授かった逸話が残っている。筆者には、それが非現実的な話だとはどうしても思えないのだ。

　ともあれ、てっきり大和言葉だと思えた「お前百までわしゃ九十九まで」も終わってみれば100％シュメール語であり、「u m-igi me me d-en-na ga ga di ilimmu-du-ilimmu d-en-na（神・前に：百・百・～まで：我・我：判断する：九・十・九：～まで）」が音韻転訛したもの

95

であることがわかるのだ。改めて今一度実感するのだ。自説「大和言葉は100％シュメール語である！」は真実であり、事実であると。)

さ、皆さん如何でしたでしょうか？　やはり格言ともなると引き締まった文体の処世訓ですから本当に難しくなりますよね。筆者だっていつも辞書と辞典の間を、PCと机の間をせわしく飛び回っているんですから。(笑)

それにしても、大和言葉を筆頭に、日本語と異国の古代シュメール語とがこれ程までに正確に対応していることに驚きを禁じ得ないことかとは思いますが、まだまだです。紹介した解析実例はまだほんの40例です。あと未だ100例あります。これでもか、これでもかと相手が根負けするまで徹底的に考古学的な資料と解析実例を示す。これが恩師川崎真治先生が貫かれた「ドリル戦法」なのです。当然のこと、その教えを受けた筆者も同じ戦法で参ります。諦めないでついてきて下さいね。でも、その前にここで小休止を。

④　ちょっと一息：シュメール語の世界拡散例

ちょっとここで簡単なシュメール語が世界中に広がっているという実例を見てみましょう。意外と身近な単語もシュメール語なんだということがわかります。

●こんにちは（コンニチハ）：Silim／Sim_3（平和な・静穏な・健康な）（シュメール語）

Shalom（平安・こんにちは／さようなら：ヘブライ語）
serene（静穏な：英語）➡ serenade（セレナーデ　小夜曲）
serein（e）（穏やかな：仏語）
serena（穏やか：スペイン語）
SERENA（日産セレナ）
Serena（セレナ：世界的に有名なアメリカのテニスプレイヤー）

第2章：文字は歴史と文化と宗教の集大成！

　如何ですか？　陸続きですから、シュメール語の「Silim／Sim₃（こんにちは：平和な・静穏な・健康な）」がヘブライ語・英語・仏語・スペイン語などに各国の言葉に転訛していくのです。車名や人名にもなっていますね。

　では、陸続きになっていない日本語の「こんにちは！」はどうなるんでしょうかねぇ？　え〜っ、これは無理でしょう⁉　でも、もしもこれがシュメール語だったら、日本の言語学者は、国語学者は雁首揃えて討ち死にしてしまうでしょうね。（笑）

　さぁ、驚きの解析結果はこうなりました〜。

●「こんにちは！」（コンニチハ）：日・この：この・日：判断する
　k-u₄ ne ne k-u₄ di（日・この：この・日：判断する）（k-：冠詞音）
　ko　n' ni t-i　bi（k-t, d-b）
　kon　　ni-ti　　hi（b-h）
　kon-niti　　　　　ha
　kon-niti-ha（コン・ニチ・ハ　元の音節と音韻）
　konnnitiha（コンニチハ　こんにちは：今日は）

　　　　　　（参考：「こんにちは！」とは「昼間、人と会った時や人を訪問した時などに使う挨拶の言葉」である）
　　　　　　（解釈：先ず、「こん」とは今日という「この日」のことなので「k-u₄ ne：日・この」と言い表し、次に「にち」も同じく今日という「この日」のことなので「ne k-u₄：この・日」と言い表し、そして最後の「は」は「良いお天気で〜」などが省略された形であり、尚且つ「判断の主題を示す」副助詞なので「di：判断する」と言い表すのだ。

　すると、てっきり現在の日本語の挨拶語と思えた「こんにちは！」も終わってみれば100％シュメール語の「k-u₄ ne ne k-u₄ di：日・この：この・日：判断する」が音韻転訛したものであることがわかるのだ）

如何でしたか？　驚きましたか？　無理もないことです。こんな解析ができる言語学者はただの一人として日本にも世界にもいないですからね〜。およそ、シュメール語が施文された「ヌヌズ（子孫繁栄）土器」（BC3000年頃）のことも知りませんし、知ろうともしませんからね。比較言語学を考古学に導入しようなどとする機運など皆無ですからね…。でも、ここまで読まれた読者の皆さんは別格で、余程の高い知性の持ち主かと思われますよ。

　さて、こんなことで終わる日本語・大和言葉ではありません。まだまだ続きがあるのです。まだまだ奥が深いのです。

　他方、シュメール語の「sim$_3$（静穏な）」は、特に重層語として音韻転訛し、幾つかの美しい調べの大和言葉になるのです！

〈sim$_3$（静穏な）− sim$_3$（静穏な）〉

1．sim$_3$-sim$_3$（静穏な・静穏な）
　　sin-sin
　　shin-shin（シンシン：深々）例：<u>しんしん</u>と雪が降る

2．sim$_3$-sim$_3$（静穏な・静穏な）
　　sig-sig（m-g）
　　sigu-sigu（gu：語尾の母音語化は「神の法則」）
　　shiku-shiku（g-k：グリムの法則。シクシク：弱々しく泣く様子）
　　例：<u>しくしく</u>泣く
　　shuku-shuku（シュクシュク：粛々）例：鞭聲<u>粛々</u>夜川を渡る

3．sim$_3$-sim$_3$（静穏な・静穏な）
　　sig-sig
　　sigu-sigu
　　siku-siku

第2章：文字は歴史と文化と宗教の集大成！

shitu-shitu（m-g-k-t：グリムの法則）
shito-shito（シトシト：しとしと）例：雨が<u>しとしと</u>降っていた
　　　　{参考：za-za（ザーザー：「騒音を立てる」の重層語）もシュメール語}

　ふふふ。まだまだですよ。まだまだこんなレベルでは終わらないですよ。（笑）
　シュメール語の sim_3（静穏な）は dig（柔らかい）と結合すると、幾つかの風情のある美しい響きの大和言葉になるのです！　まるで iPS 細胞（人工多能性幹細胞）のようです。

〈sim_3-dig（静穏な・柔らかい）〉

1．sim_3-dig（静穏な・柔らかい）
　　sig-digu（gu：語尾の母音語化は「神の法則」）
　　sigu-jagu（d-g）
　　shiku-jaku（g-j）
　　shito-yaka（j-y）
　　shitoyaka（シトヤカ：しとやか）例：<u>しとやか</u>な婦人

2．sim_3-dig（静穏な・柔らかい）
　　shimu-digu（mu, gu：語尾の母音語化は「神の法則」）
　　shime-jaku（di-dya）
　　shime-yaka
　　shimeyaka（シメヤカ：しめやか）例：葬儀が<u>しめやか</u>に行われた

3．sim_3-dig（静穏な・柔らかい）
　　shimu-digu（mu, gu：語尾の母音語化は「神の法則」）
　　shinu-jaku
　　shina-yaka
　　shinayaka（シナヤカ：しなやか）例：山口百恵の「<u>しなやか</u>に

99

歌って……」

　尚、「しんみり」 = sim_3（静穏な）$mi_2...du_{11}$（優しく扱う）

　　　　　　　　　　sin mi-lu

　　　　　　　　　　shin-mili

　　　　　　　　　　shinmili（シンミリ：しんみり）

例：ちあきなおみのカバー曲「赤とんぼ」の一節「しんみりしないで
よ…けんさん」

｛要注意：類音異義語の「沁みる」 = sha ka_4-ra（中央・入る）です｝

　ついでに、もう一つ紹介します。とは言え、既に拙著『縄文土器は
神社だった！』に述べていたことですが、そのまま引用します。ラッ
キーセブンの 7（seven）です。小学生でも知っている英単語ですが、
そのシュメール語源と音韻転訛の先は誰にも想像もできない程の広が
りのある世界なのです。知性的な古代史好きの人にはもうタマラナイ
世界なのです。つまり、それだけシュメール人が世界中に移動してい
たということの証なのです。

●7（セブン：seven）：i-min（5・2）（シュメール語）

　　　s-i-min（s：冠詞音）

　　　s-i-bin（➡ドイツ語 s-ie-ben　ズイーベン➡英語 s-e-ven）

　　　sh-i-bu'｛渋川の「渋」は「七（7）」の意味）➡ sh-i-be-ttu シ
　　　ベッツ　標津・士別➡ t-i-be-t' チベット（西蔵）｝

　　　kh-a-pu（s-k, b-op：グリムの法則）

　　　kh-ofu（ク・オフ　元の音韻と音節）

　　　kho-fu（コオ・フ　甲府）

　　　kho-'u

　　　khou（コウ　甲：甲乙丙丁の「甲」）

　　　　（参考：シュメール語で「i-min（イミン：5・2）」といえ
ば、何度も何度も引用していますシュメールの有名な円筒印章「誘惑

の印璽」にある　①中央に鎮座する生命創造のシンボル「DNAの樹」、②その両サイドにいて互いに向き合う「牡牛神ハル（＝伊邪那岐）と蛇女神キ（＝伊邪那美）」のいずれか乃至はその両方を指しているのです。すべてはここから始まりましたので、絶対に抑えて置く必要があります）（図p144）

　　　　　（参考：だから、「甲」の甲骨文字「十」の意味が「七（7）」であるのは道理であり、「甲府」の漢字表記は正しい。そればかりか、「甲（七）」が「甲（カン）高い」や「手の甲」のように「上（の）」意味に用いられるのは、それは神聖な「七（7）」がその下地にあるからである）

　如何でしたか？　息抜きになりましたか？　すごく面白いでしょう⁉　むしろ、こちらの方が面白かったでしょう？
　シュメール語の「5・2（i-min：イ・ミン）」がドイツ語の「sieben（ズィーベン：7）」になり英語の「seven（セブン：7）」になり、更に群馬県渋川市の「渋」になり、北海道の「標津・士別」になり、更には異国の「チベット（西蔵）」にもなる。更に、山梨県甲府市の「甲府」になり、そして最後は手の甲の「甲」と甲乙丙丁の「甲」になってと、コトバの大海原を知的に大航海できるのです。凄〜くないですか？

　えっ、息抜きどころか益々頭がパンクしてしまいましたか？
　ま、それが普通かと思います。でも、たったこんな「こんにちは：Silim！」や「seven：7」だけでこのディープさです。ウソだと思うのなら試しに大学教授や高校か予備校の英語教師にでも質問してみて下さい。もちろん、答えはどの英和辞典にも英英辞典にも載っていませんから、聞かれた先生もお手上げですけどね……。

「先生、seven（7）の語源って何ですか？」

　シュメール語源にまで遡って「シュメール語のi-min（5・2）」と

答える人が一人でもいればその人は天才ですね。本当に信頼できる先生かと思います。でも、誰もいなくてもガッカリしないで下さい。世の中、それが普通ですから…。川崎比較言語学を学ぶ機会など普通の教授や先生方には皆無ですから…。ですから、それを世界に先駆けて伝える役割の筆者がいるのです。特に、筆者の場合は、過去世でやり残したことを今世でやっているようですので…。人間界における修行の一つとして…。

⑤ 美しい雅な大和言葉その2：シュメール語による解析実例60 〈短いもの20語〉〈少し長いもの30語〉〈かなり長い格言10文〉

さて、ちょっと一息入れましたので、また再開しましょう。今度は「大和言葉プロジェクト585」の中から厳選したもの60例をご紹介することにします。先ずは、短いものを20語ご用意しましたので、更には画像をありますので、気楽に構えて下さればと思います。

〈短いもの20語〉：
甍・巷・肴・我・嵐・鏡・弛む・儚む・操・静寂・恋し・贖う・嘯く・衒う・寛ぐ・黙す・暁・粋・朗らか・兵

では、先陣を切るのは映画「天平の甍（いらか）」（原作・井上靖。1980年配給）の「甍」になります。本当に日本独自の「甍」もシュメール語なんでしょうか？

1．甍（イラカ）：屋根・屋根

ur₃ an-dul （屋根・屋根）
ir a'-du'
ir a -ga
ir a -ka
ir-aka （イル・アカ　元の音韻と音節）

iraka（イラカ　甍）

鬼瓦のある「甍」

　　（参考：「甍（イラカ）」とは、「1．屋根瓦　2．瓦葺の屋根」である）

　　（解釈：小さい頃口ずさんでいた「いらかの波と雲の波……」。その「甍」とは屋根瓦だとばかり思っていたが、「瓦葺の屋根」の意もあるのだ。まさに今回がそれで、てっきり大和言葉だと思えた「甍」も終わってみれば100％シュメール語であり、「ur₃ an-dul：屋根・屋根」が音韻転訛したものであることがわかるのだ）

2．巷（チマタ）：場所・行く：分かつ

　　　　ki ma₍₃₎ tar（場所・行く・分かつ）
　　　　si-ma　　ta'
　　　　ti-ma　　ta
　　　　ci-ma ta（ci：チ）
　　　　chima-ta（チマ・タ　元の音韻と音節）
　　　　chimata（チマタ　巷）

　　（参考：「巷」とは「1．分れ道　2．賑やかな通り。町の中。世間。世の中」である）
　　（解釈：先ず、「巷」とは「人々が行く（集まる）場所」の

ことなので「ki ma(3)：場所・行く」と言い表し、「分かれ」ているので「tar：分かつ」と言い表すのだ。

すると、「巷」とは「1．分れ道　2．賑やかな通り。町の中。世間。世の中」であるのだが、それを祖語であるシュメール語では「ki ma(3) tar：場所・行く：分かつ」と言い表すのだ。

てっきり大和言葉だと思えた「巷」も終わってみれば100％シュメール語であり、「ki ma(3) tar：場所・行く：分かつ」が音韻転訛したものであることがわかるのだ）

3．肴（サカナ）：腸（お腹）・心配する

shag₄ kana₃.₅.₆（腸（お腹）・心配する）
sha'-kana
s'a-kana（サ・カナ　元の音韻と音節）
sakana（サカナ　肴）

（参考：「肴」とは、正式には「こう」と読み、「酒を飲むときに添えて食べる物（つまみ）」である。お酒にあてるので「あて」とも言う。尚、「つまみ」とは手や箸でちょいと「つまむ」からである）

（解釈：先ず、「肴」だが、お酒だけでは「胃腸」を壊すので、それを「心配」しているので「shag₄ kana₃.₅.₆：腸（お腹）・心配する」と言い表すのだ。つまり、健康を気遣って、お酒に添えて食べる物が「肴」なのだ。何とも素晴らしい食文化ではなか。

すると、「肴」とは、「酒を飲むときに添えて食べる物（つまみ）」である。お酒にあてるので「あて」とも言うのであるが、それを祖語であるシュメール語では「shag₄ kana₃.₅.₆：腸（お腹）・心配する」と言い表すのだ。

御覧のように、てっきり雅な大和言葉だと思えた「肴」も終わってみれば100％シュメール語の「shag₄ kana₃.₅.₆：腸（お腹）・心配する」が音韻転訛したものであるのだ）

４．我（ワレ）：我

ga_2-ga_2（ガガ　我）
da-da
ba-la
va-la
wa-la（参考：walawa　ワラワ：妾）
wale（ワレ　我）

（参考：「我」とは「（文語的な表現）私（わたし・わたくし）」である）
（解釈：先ず、「我」とは１人称の「私」なので「ga_2-ga_2：我」と言い表すのだ。すると、「我」とは「（文語的な表現）私（わたし・わたくし）」であるのだが、それを祖語であるシュメール語では「ga_2-ga_2：ガガ　我」と言い表すのだ。

御覧のように、自分を指す雅な大和言葉の「我」は立派なシュメール語「ga-ga　ガガ：我」が音韻転訛したものである。その「我（ガ）」と「ga-ga　ガ・ガ」の「ga　ガ」が同じ音韻であるのは決して偶然ではないのだ）
（補足：「ga-ga」は決まった表現で、例えば「ir ga-ga（泪・我に）」、つまり「祈る」の意で用いられ、シュメール語である「崇（あが）める（ir ga-ga me-ir　イルガガ・メイル）」の語幹を成している）

５．颪（オロシ）：素早い・真っすぐな

ul_4 si（素早い・真っすぐな）
ulu-shi（lu：語尾の母音語化は「神の法則」）
olo-shi（オロ・シ　元の音韻と音節）
oloshi（オロシ　颪）

（参考：「颪」とは「山から吹き下ろす強い風」である）

　（解釈：読んで字のごとく、「颪」とは「山から吹き下ろす強い風」のことなので「ul₄ si：素早い・真っすぐな」と、つまり「山から真っすぐ下に吹き下ろす風」と言い表すのだ。

「颪（おろし）」と言えば、阪神タイガースの「六甲おろし」で有名だが、てっきり大和言葉だと思えた「颪」も終わってみれば100％シュメール語であり、「ul₄ si：素早い・真っすぐな」が音韻転訛したものであることがわかるのだ。「シュメール語」は「吹き下ろす風のスピードと方向」を捉えているが、片や「漢字」は「吹き下ろす風の方向」を捉え、風のスピードは暗喩されている。民族性による物事の捉え方の違いがはっきり出ていて興味深い。さ、阪神タイガースファンはこの事実を知ったらなんとするか？）

6．鏡（カガミ）：影・見る

　　　　　　gissu igi（影・見る）
　　　　　　ki'gu-imi（s-k-g）
　　　　　　kaga-'mi
　　　　　　kaga-mi（カガ・ミ　元の音韻と音節）
　　　　　　kagami（カガミ　鏡）

　（参考：「鏡」とは「光の反射を利用して姿・形を映して見る道具」である。また、古来は「影見（かげみ）」とも呼ばれれていた）

　（解釈：読んで字のごとく、「鏡」とは古来の呼び名「影見」通り、鏡に映った「影」を「見る」道具なので「gissu igi：影・見る」と単純に言い表すのだ。

　すると、「鏡」とは「光の反射を利用して姿・形を映して見る道具」である。また、古来は「影見（かげみ）」とも呼ばれれていたのだが、それを祖語であるシュメール語では「gissu igi：影・見る」と言い表

すのだ。つまり、古来の呼び名「影見」が正しいのだ。

　御覧の通り、てっきり大和言葉だと思えた「鏡」も終わってみれば100％シュメール語であり、「gissu igi：影・見る」が音韻転訛したものであることがわかるのだ）

7．弛む（タユム）：手・緩（ゆる）んでいる

　　　　　　　　shu dig（腕・緩（ゆる）んでいる）
　　　　　　　　t'u-digu（gu：語尾の母音語化は「神の法則」）
　　　　　　　　ta-jimu
　　　　　　　　ta-jumu
　　　　　　　　ta-yumu（タ・ユム　元の音節と音韻）
　　　　　　　　tayumu（タユム　弛む）

　　　　　（参考：「弛む」とは、「心が緩（たる）む。なまける」ことである。

　　　　　（解釈：読んで字のごとく「握る手が緩んでいる」から「弛む」のだが、その手（腕）は「shu：手」と言い表し、「緩んでいる」は「緩んでいる」ことなのでそのまま「dig：緩んでいる」と言い表すのだ。

　　すると、「弛む」とは、「心が緩（たる）む。なまける」ことであるのだが、それを祖語であるシュメール語では「shu dig：手・緩（ゆる）んでいる」と言い表すのだ。てっきり純粋な大和言葉だと思えた「弛む」も終わってみれば100％シュメール語であることがわかるのだ。

　　因みに、一般に「たゆまぬ努力」と言うが、その「たゆまぬ」とはこの「弛む」の打消しの形「shu dig nu：手・緩（ゆる）んでいる・否定」のことである）

8．儚む（ハカナム）：結婚する・夢

　　　　　　　ag-ga mash$_2$-ge$_6$（結婚する・夢）

　　　　　　　hak-ka nash-me （h は冠詞音）
　　　　　　　ha'-ka　na'-mu
　　　　　　　haka-namu （ハカ・ナム　元の音節と音韻）
　　　　　　　hakanamu （ハカナム　儚む）

　　　（参考：「儚む」とは、「儚いと思う。頼りなく、虚しいと思う」ことである）
　　　（解釈：先ず、「儚む（ハカナム）」とは「人が見る夢」と書くように、人が夢見ることは非現実的であり「夢と結婚する」ようなものなので「儚む」を「ag-ga mash$_2$-ge$_6$：結婚する・夢」と言い表すのだ。
　すると、「儚む」とは、「儚いと思う。頼りなく、虚しいと思う」ことであるのだが、それを祖語であるシュメール語では「ag-ga mash$_2$-ge$_6$：結婚する・夢」と言い表すのだ。てっきり純粋な大和言葉だと思えた「儚む」も100％シュメール語であることがわかるのだ
　　　（知見：「夢（ゆめ）」という日本語も実はシュメール語そのものであり、「夢」のシュメール語「mash$_2$-ge$_6$」が 'shu-me ➡ j'u-me ➡ 'yu-me ➡ yume （ユメ：夢）と音韻転訛したものである）

9．操（ミサオ）：女・心：穴

　　　　　　　mi sha$_3$ hur （女・心：穴）
　　　　　　　mi-s'a　'or
　　　　　　　misa-o' （ミサ・オ　元の音節と音韻）
　　　　　　　misao （ミサオ　操）

　　　（参考：「操（ミサオ）」とは「女が好きな男に貞節を守ること」である）
　　　（解釈：先ず、「操」とは「女性」が貞節を守ることなので「mi：女」と言い、「心」に決めたことなので「sha$_3$：心」と言い表し、そして「穴（膣）」を守って他の男性とは性交しないことなので

「hur：穴」と言い表すのだ。日本語の「操（ミサオ）」と比べると、シュメール語は露骨で色気のない言葉だとわかる。

　すると、「操（ミサオ）」とは「女が好きな男に貞節を守ること」であるのだが、それを祖語であるシュメール語では「mi sha₃ hur：女・心・穴」と、つまり文字通り「穴（膣）を守る女心」と言い表すのだ。やはり、大和言葉は100％シュメール語であることがわかる）

　　　　（補足：女性が「純潔である」ことを「sikil：𒉿」という。楔形文字を見ると、「𒆠 ki：女」と比較すると、「四」と思しき象形の真ん中にあるはずの縦棒2本「tab 結ばれる」がないのだ。つまり、未だ男と結ばれてない「純潔な」処女のことだ。

　　　　（比較：英語の「skill（腕前・技量）」の祖語とは処女にセックスの手解きを施す技量のことか？　そんな「sex-toy（性の玩具）」が3万年も前のドイツの洞窟で出土している。また、日本でも縄文時代前期の遺跡から「独鈷石」として出土している。出典：拙著『縄文土器は神社である！』）

10. 静寂（シジマ）：静かな・静かな（重層語）

　　sig₃ sig₃（静かな・静かな）（重層語）
　　sig-sigu（gu：語尾の母音語化は「神の法則」）
　　si’-jimu（s-j）
　　shi-jima（s-z-d：グリムの法則）（シ・ジマ　元の音節と音韻）
　　shijima（シジマ　静寂）

　　　　（参考：「静寂（しじま）」とは「静かでひっそりしていること」である）
　　　　（解釈：先ず、「静」は「静かな」ことなのでそのまま「sig₃：静かな」と言い表し、次に「寂」も「ひっそりして」いることで同じイメージなので同じく「sig₃：静かな」と言い表すのだ。

　　すると、「静寂（しじま）」とは「静かでひっそりしていること」であるのだが、それを祖語であるシュメール語では「sig₃ sig₃：静かな・

静かな」とダブルで、つまり文字通り「静かでひっそりしている」と言い表すのだ。御覧のように、美しい大和言葉の「静寂（シジマ）」は100％シュメール語であり、「sig₃ sig₃：静かな・静かな」が音韻転訛したものであることがわかるのだ）

　　　　（知見：「sig₃（静かな）」から音韻転訛した倭人語は他にも「しゅくしゅく」「しめやか」「しんしん」などがある）

11. 恋し（コイシ）：愛しい：否定・じっとしている

　　　　　　　　ki nu sig₃（愛しい：否定・じっとしている）
　　　　　　　　ko ni-si'
　　　　　　　　ko 'i-shi
　　　　　　　　ko-ishi（コ・イシ　元の音韻と音節）
　　　　　　　　koishi（コイシ　恋し）

　　　　（参考：「恋し」とは、「事物や人が慕わしくてじっとしていられない」ことである）
　　　　（解釈：先ず、「恋し」とは「愛しい」ことなので「ki：愛しい」と言い表し、次に「じっとしていられない」は「じっとしていられない」のでそのまま「nu sig₃：否定・じっとしている」と言い表すのだ。
　すると、「恋し」とは、「事物や人が慕わしくてじっとしていられない」ことであるのだが、それを祖語であるシュメール語では「ki nu sig₃：愛しい：否定・じっとしている」と、つまり文字通り「愛しくて（慕わしくて）じっとしていられない」と言い表すのだ。
　御覧のように、てっきり純粋な大和言葉だと思えた「恋し」は音韻も意味も寸分の狂いもなくシュメール語とピタリと符号一致しているのだ。自説「大和言葉は100％シュメール語である」（仮説）は絶大であり、何人にも抗うことのできない歴史的事実と言えるだろう。
　因みに、大方の予想を裏切って、「恋し」の音節は「こい・し（koi-shi）」で切れるのではなく「こ・いし（ko-ishi）」で切れるのである。

よく英語でも「意味の切れ目は音の切れ目」と言うが、比較言語学を学ぶとそれが如実にわかるようになるのだ。比較言語学を学ばない手はもうないであろう。「ほ、ほ、蛍来い。そっちの水は苦いぞ、こっちの水は甘いぞ。ほ、ほ、蛍来い」）

12. 贖う（アガナウ）：結婚する・責任

　　　　　ag-ga nam（結婚する・責任）
　　　　　a'-ga namu（mu：語尾の母音語化は「神の法則」）
　　　　　aga-na'u（アガ・ナウ　元の音韻と音節）
　　　　　aganau（アガナウ　贖う）

　　　　（参考：「贖う（アガナウ）」とは「罪とか過ちを償う（の埋め合わせをする）」ことである）
　　　　（解釈：ある家庭の女の子を妊娠させてしまうと、道義的には、その女の子と「結婚してその責任を取る（運命）こと」になるので「ag-ga nam：結婚する・責任」と言い表すのだ。
　　すると、「贖う（アガナウ）」とは「罪とか過ちを償う（の埋め合わせをする）」ことであるのだが、それを祖語であるシュメール語では「ag-ga nam：結婚する・責任」と言い表すのだ。それが「罪を贖う」ということだ。世界共通の認識のようだ。妊娠させたら、相手の女性と結婚する。今も昔も、これ「出来婚」ぞ！
　　ともあれ、てっきり純粋な大和言葉だと思えた「贖う」も終わってみれば100％シュメール語であることがわかるのだ。
　　　　（比較：類語の「償う（ツグナウ）」は「tug$_2$ nam：布／衣類・責任」である。
　　過ちを償うには「高価な布／衣類をもってするのが責任」だったのである。罪・過ちを埋め合わせるそのやり方が、「贖う」の場合は「結婚」であり、「償う」の場合は「高価な布／衣類」であるのだ。世相を反映していて、何とも面白い話ではないか。）

13. 嘯く（ウソブク）：抗議の表情・拭き取る：見る

$u_{(2, 3, 4, 8)}$ su-ub ug_6（抗議の表情・拭き取る：見る）
u　　　　so-'b　ugu（gu：語尾の母音語化は「神の法則」）
u-sob　　　　uku
usob-uku（ウソブ・ウク　元の音韻と音節）
usobuku（ウソブク　嘯く）

　　　（参考：「嘯く」とは、「そらとぼけて知らん顔をする」ことである）
　　　（解釈：先ず、「嘯く」とは、相手が「抗議する」ことなので「$u_{(2, 3, 4, 8)}$：抗議の表情」と言い表し、次に抗議された方は「突っぱねて」しまうので「su-ub：拭き取る」と言い表し、そして尚且つ知らん顔して外（よそ）を「見て」いるので「ug_6：見る」と言い表すのだ。
　すると、「嘯く」とは、「そらとぼけて知らん顔をする」ことであるのだが、それを祖語であるシュメール語では「$u_{(2, 3, 4, 8)}$ su-ub ug_6：抗議の表情・拭き取る：見る」と、つまり「俺は知らねえよと相手の抗議を突っぱねながら、外（よそ）を見る」と言い表すのだ。反社の人たちも政治家の人たちも「嘯く」ような該当者が多いのでは…。
　ともあれ、てっきり大和言葉と思えた「嘯（うそぶ）く」も終わってみれば100％シュメール語であることがわかるのだ。

14. 衒う（テラウ）：知識・輝く：感動する

zu ra u_6（知識・輝く：感動する）
tu-ra u
te-ra u
tera-u（テラ・ウ　元の音韻と音節）
tera-u（テラ・ウ　衒う）

（参考：「衒う」とは、「優れた才能・知識があるかのように見せかける。また、誇らしげに見せびらかす」ことである）

　　　（解釈：先ず、「衒う」にはそれなりの「優れた輝く知識」が必要なので「zu ra：知識・輝く」と言い表し、次にそれを聞いた無知な相手は「感動して」しまうので「u_6：感動する」と言い表すのだ。

　すると、「衒う」とは、「優れた才能・知識があるかのように見せかける。また、誇らしげに見せびらかす」ことであるのだが、それを祖語であるシュメール語では「zu ra u_6：知識・輝く：感動する」と、つまり「優れた輝くような知識を聞かされたら、聞き手は感動してしまう」と言い表すのだ。

「輝く知識に聞き手が感動するようにする」ことが「衒（てら）う」、つまり「輝く知識を誇らしげに見せびらかす」ことにもなるのだ。大和言葉「衒う」はシュメール語の「zu ra u_6：知識・輝く・感動する」が100％音韻転訛したものである。やはり、「大和言葉は100％シュメール語である！」のだ。

　因に、その「衒う（テラウ）」の典型がいわゆる「カタカムナ」である。それがシュメール語であることも全く知らぬ、気を「衒っ」た「カタカムナ詐欺師・ペテン師」の何と多いことか！

15. 寛ぐ（クツログ）：柔らかい・水のような液体

　　　　　　　dig lugud（柔らかい・水のような液体）
　　　　　　　digu-logu'
　　　　　　　gudu-logu
　　　　　　　kutu-logu（クツ・ログ　元の音韻と音節）
　　　　　　　kutsulogu（クツ・ログ　寛ぐ）

　　　（参考：「寛ぐ」とは、「１．心も体もゆったりと楽にする。のんびりと心身を休める　２．楽な気分で振る舞う」ことである）

　　　（解釈：先ず、「寛ぐ」とは心も体も「水のような柔らかい

状態」になってリラックスすることなので「dig lugud：柔らかい・水のような液体」と言い表すのだ。

　すると、「寛ぐ」とは、「１．心も体もゆったりと楽にする。のんびりと心身を休める　２．楽な気分で振る舞う」ことであるのだが、それを祖語であるシュメール語では「dig lugud：柔らかい・水のような液体」と、つまり「心も体も水のように柔らかくリラックスする」と言い表すのだ。

　やはり、ここでも大和言葉「寛ぐ」は意外とシュメール語の「dig lugud：柔らかい・水のような液体」が音韻転訛したものであることがわかるのだ。仕事で人間関係でコロナ禍で何かとストレスまみれの現代人。たまには心身共に「寛ぐ」ことも必要なのでは）

16．黙す（モダス）：沈黙・する

$$si\text{-}ga\ du_3\ （沈黙・する）$$
$$zi\text{-}ga\ tu\ （s\text{-}z,\ d\text{-}t）$$
$$di\text{-}da\ su\ （t\text{-}d）$$
$$mo\text{-}da\ su\ （d\text{-}m）$$
$$moda\text{-}su\ （モダ・ス　元の音韻と音節）$$
$$moda\text{-}su\ （モダ・ス　黙す）$$

　　　　（参考：「黙す」とは、「１．ものを言わない。黙っている　２．黙って見過ごす。放って置く」ことである）
　　　　（解釈：先ず、「黙す」とは「沈黙する」ことなのでそのまま「si-ga du$_3$：沈黙・する」と言い表すのだ。
　文字通り、「沈黙する」ことが「黙（もだ）す」ことなのだ。意外や、美しき大和言葉「黙（もだ）す」はシュメール語の「si-ga du$_3$：沈黙・する」が音韻転訛したものである。やはり、「大和言葉は100％シュメール語である！」のだ）

17．暁（アカツキ）：日の出・待つ

ash tuk（日の出・待つ）（ash：バビロニア語）

ashu-tuku

ak'u-tsuki

aka-tsuki（アア・ツキ　元の音韻と音節）

akatki（アカツキ　暁）

　　　　（参考：「暁」とは「（あかとき（明時）の転）夜明けのうす
明るくなる時分」である）
　　　　（解釈：先ず、「暁（あかとき：明時）」とは「日の出」のこ
となので「aš：日の出」と言い表し、次に「時（とき）」はシュメー
ルでは「待つ」ものなので「tuk：待つ」と言い表すのだ。
　すると、「暁」とは「（あかとき（明時）の転）夜明けのうす明るく
なる時分」であるのだが、それを祖語であるバビロニア語＆シュメー
ル語では「ash tuk：日の出・待つ」と、つまり「日の出を待つ時」
と言い表すのだ。
　実は、どうしてシュメールでは「時は待つもの」という考え方があ
るのかは、シュメールの神々であるアヌンナキの母星「ニビル
Nibiru」（太陽系12番目の惑星）の公転周期が3600年であることを知
ることだ。つまり、地球の一年は365日だが、アヌンナキの一年はそ
の約3600倍もの長さなのだ。だから本国のニビル星が地球に近づい
て来るのには（地球の一年よりも）約3600倍も長く、長〜く「待」
たなければならないのだ。ここから「時は待つもの」、つまり「時」
＝「tuk：待つ」という考え方が自然と生まれて来たのだ。
　ともあれ、てっきり純粋な大和言葉だと思えた「暁」も終わってみ
れば100％バビロニア語＆シュメール語であることがわかるのだ。因
みに、バビロニア語が大和言葉に入っているのはこの「ash：日の出」
以外にもあると思える。）

18.　粋（イキ）：美しい

sig$_7$（美しい）

sigu（gu：語尾の母音語化は「神の法則」）

shigu

'igu（sh 抜け）

iku

iki（イキ　粋）

（参考：「粋」とは、「気立て・格好などが垢抜けし、さっぱりしている中に、色気を含んでいること。江戸後期の町人が理想にした美的概念」である）

（解釈：先ず、「粋」とは「気立て・格好などが垢抜けし、さっぱりしている中に、色気を含んでいること」であり、次に「美しく」なければならないのでそのまま「sig$_7$：美しい」と言い表すのだ。

すると、「粋」とは、「気立て・格好などが垢抜けし、さっぱりしている中に、色気を含んでいること。江戸後期の町人が理想にした美的概念」であるのだが、それを祖語であるシュメール語では端的に「sig$_7$：美しい」と言い表すのだ。要は、「粋」とは「美しさ（美意識）」のことであり、まさに「江戸後期の町人が理想にした美的概念」なのである。

てっきり大和言葉だと思えた「粋」も、実はシュメール語の「sig$_7$：美しい」が100％音韻転訛したものであることがわかるのだ。時は今アヌンナキの時代。シュメール語による学問の「目覚め」の時期が来たのだ）

19. 朗らか（ホガラカ）：アクロバット・元気な／陽気な

hub$_2$ sig$_7$（アクロバット・元気な／陽気な）

hobu-sigu（bu, gu：語尾の母音語化は「神の法則」）

hogu-riku（s-r）

hoga-raka（ホガラカ　元の音韻と音節）

hogaraka（ホガラカ　朗らか）

116

（参考：「朗らか」とは、「１．空が明るく晴れ渡っている様子　２．晴れやかな様子。快活な様子」である）

　　　　（解釈：先ず、ここでは「朗らか」とは「元気で快活な様子」のことなのでシュメール語では「hub₂ sig₇：アクロバット・元気な／陽気な」、つまり「アクロバットダンサーのように、元気に陽気に飛び回る様子」と言い表すのだ。所変われば例えが変わるだけである。やはり大和言葉と思えた「朗らか」も祖語がシュメール語であり、「hub₂ sig₇：アクロバット・元気な」が100％音韻転訛したものであることがわかる。頭を柔らかく「朗らか」にしなければならない）

20．兵（ツワモノ）：ぶつかり合う・枝：人・形

　　　　　　　　tu ba tu nu（ぶつかり合う・枝：人・形）
　　　　　　　　tsu-ba du-no
　　　　　　　　tsuba mu-no
　　　　　　　　tsuva-muno
　　　　　　　　tsuwa-mono（ツワ・モノ　元の音節と音韻）
　　　　　　　　tsuwamono（ツワモノ　兵）

　　　　（参考：「兵（ツワモノ）」とは、「１．兵士。軍人　２．勇士。猛者（もさ）３．ある分野で非常に優れた力量を発揮する人」である）

　　　　（解釈：先ず、「兵（ツワモノ）」とは「鍔（つば）」競り合いをする兵士のことだが、鹿のオス同士が枝のような角をぶつけ合っているさまと同じなので「つわ」は「tu ba：ぶつかり合う・枝（＝角）」と言い表し、次に「もの（者）」は「人の形」を指しているので「tu nu：人・形」と言い表すのだ。

　　すると、「兵（ツワモノ）」とは、「１．兵士。軍人　２．勇士。猛者（もさ）３．ある分野で非常に優れた力量を発揮する人」であるのだが、それを祖語であるシュメール語では「tu ba tu nu：ぶつかり合

う・枝：人・形」と、つまり「鍔（つば）競り合いをする者（兵士）」
と言い表すのだ。

　てっきり大和言葉だとばかり思えた「兵（ツワモノ）」も、終わっ
てみれば100％シュメール語の「tu ba tu nu：ぶつかり合う・枝：
人・形」が音韻転訛したものであることがわかるのだ。相当頭を柔ら
かくして右脳を使わないと、なかなか大和言葉のシュメール語解析は
できないのだ）

　さ、〈短いもの20語〉如何だったでしょうか？　100％シュメール
語でしたね！　納得できましたでしょうか？　それは良かったですね
〜。呑み込みが早いですね〜。知性が高い証拠です。えっ、まだ納得
できない？

　ということは、まだまだ物足りない、もっと沢山楽しみたいという
ことでしょうか。わかりました。今度は〈少し長いもの30語〉にな
ります。一気に行きましょうか？　では、どうぞ。但し、段々と難し
くなりますよ〜。

〈少し長いもの30語〉：
　冥利に尽きる・よんどころない事情・腑に落ちない・ぶしつけです
が・そこはかとなく・ままならない・玄人はだし・そつがない・やん
ごとない・清々しい・猫なで声・海千山千・ひょっとこ・奥ゆかし
い・なまめかしい・産声を上げる・深く恥じ入る・畏まる・手なづけ
る・泣き濡れる・空惚ける・見初める・慮る・そらんじる・名残惜し
い・相好を崩す・由々しい・やかましい・あまつさえ・ぽつねんと

21. 冥利に尽きる（ミョウリニツキル）：手・対向：折り合う：に・
する：否定・ある

　　　shu ub she mu du₃ nu am₃（手・対向：折り合う：に・する：否
　　　　　　　　　　　　　　定・ある）

　　　z'u u' rhi nu tu du amu（s-z）

118

du '　　r'i　ni　tsu gu-ilu（d-m）

　　mu　　　ri　ni　tsu k'-ilu

　　mo-ri　　　ni　tsu-kilu

　　myo-ri　　　ni　tsukilu

　　myori-ni　　　　tsukilu

　　myouri-ni-tsukilu（ミョウリ・ニ・ツキル　元の音節と音韻）

　　　　　（参考：「冥利に尽きる」とは、「勿体ないほどありがたい」
である）

　　　　　（解釈：先ず、「冥利」とは仏教では「善行の報いとして得
た幸福」のことであるのだが、その「幸福」は神仏に対して「手と手
を合わせる」ことで表すので「冥利」も「shu ub she：手・対向：折
り合う」と言い表し、次に「に」は動作・作用の帰着する対象を表す
格助詞なので「mu：に」と言い表し、そして「尽きる」は無くなる
こと、つまり無くなるまでやることなので「du_3 nu am_3：する：否
定・ある」と言い表すのだ。

　　すると、総じて「冥利に尽きる」とは、「勿体ないほどありがたい」
であるのだが、それを祖語であるシュメール語では「shu ub she mu
du_3 nu am_3：手・対向：折り合う：に・する：否定・ある」と、つま
り「それ以上の幸福（冥利）を表す言葉がない」と言い表すのだ。

　　ご覧の通り、てっきり大和言葉だと思えた「冥利に尽きる」も終わっ
てみれば100％シュメール語であり、「shu ub she mu du_3 nu am_3：
手・対向：折り合う：に・する：否定・ある」が音韻転訛したもので
あることがわかるのだ。

　　それもその筈、毎回毎回繰り返すが、大和言葉の祖語はシュメール
語だからである。より正確には、ニビル星のアヌンナキの言葉が今の
シュメール語の大本であり、彼らがそれを最初に縄文人に教えた言葉
なのだ。だから、その縄文語なるアヌンナキの言葉を引き継いでいる
大和言葉がシュメール語であるのは至極当然のことであるのだ。平た
くは、「大和言葉はアヌンナキ直系の由緒正しきコトバ」なのだ。自

説「大和言葉は100％シュメール語である！」を提唱しているのはこの所以なのである。日本人の全ての皆様、お分かり願えましたでしょうか）

22. よんどころない事情（ヨンドコロナイジジョウ）：助け・場所：否定・ある：事情・事情

a_2-dah ki-gar nu am_3 di di（助け・場所：否定・ある：事情・事情）
ya-ma' si-garu n'-amu ji-do（一般的に di は「訴訟事件（case）」のことだが）

yo-na ti-karo　n-ami　ji-jo
yo-n' di-koro　n-a'i　jijou
yon-dokoro　nai　jijou
yondokoro-nai　　jijou
yondokoronai-jijou
yondokolonai-jijou（ヨンドコロ・ナイ・ジジョウ　元の音韻と音節）
yondokolonaijijou（ヨンドコロナイジジョウ　よんどころない事情）

　　　　（参考：「よんどころない事情」とは、「（拠り所が無いの意）やむを得ない事情。どうしようもない事情」である）
　　　　（解釈：先ず、「よんどころ」とは「拠ん所」と書き、「頼る所・助けてくれる場所」のことなので「a_2-dah ki-gar：助け・場所」と言い表し、次に否定の「ない」は「あることがない」ので「nu am_3：否定・ある」と言い表し、そして「事情」は「事情」なのでダブルで「di di：事情・事情」と言い表すのだ。
　すると、総じて「よんどころない事情」とは、「（拠り所が無いの意）やむを得ない事情。どうしようもない事情」であるのだが、それを祖語であるシュメール語では「a_2-dah ki-gar nu am_3 di di：助け・場所：否定・ある：事情・事情」と、つまり文字通り「助けとなると

第2章：文字は歴史と文化と宗教の集大成！

ころがない事情」と言い表すのだ。

　てっきり大和言葉だと思えた「よんどころない事情」も終わってみれば100％シュメール語であり、「a₂-dah ki-gar nu am₃ di di：助け・場所：否定・ある：事情・事情」が音韻転訛したものであることがわかるのだ。

　解析事例は既に450語を超えてしまったが、関係諸氏の期待も虚しく「シュメール語ではなかった大和言葉はただの一語もなかった！」。さ、日本の皆さん、この事実・この現実をどう受け止めるのか？　日本の未来もここにかかっていると言っても過言ではない。何故なら、この解析実例はこれまでの歴史と文化と宗教の既成概念を根底から覆す可能性を大いに秘めているからだ。知性ある人よ、勇気を出して立ち上がれ！）

23. 腑に落ちない（フニオチナイ）：はらわた・場所：下へ行く・下へ行く：否定・ある

　ᵘᶻᵘsa₃ ᵐᵉˢki e₁₁ dur-du nu am₃（はらわた・場所：下へ行く・下へ行く：否定・である）

　　da gi　　o tu'-'　　　n'-amu
　　ba mi　　o-ti　　　　nami
　　ha ni　　oci-na'i　(ci：チ)
　　hu-ni　　ochinai
　　funi-ochinai（フニ・オチナイ　元の音韻と音節）
　　funiochinai（フニオチナイ　腑に落ちない）

　　　　　（参考：「腑に落ちない」とは、「合点がいかない。納得できない」である）

　　　　　（解釈：先ず、「腑」とは「はらわた」のことなので「ᵘᶻᵘsa₃ ᵐᵉˢki：はらわた」と言い表し、次に「に」は「場所」のことなので「ki：場所」と言い表し、続いて「落ちる」とは「下に行く」ことなのでダブルで「e₁₁ dur-du：下に行く・下に行く」と言い表し、

121

そして最後の「ない」は「あることがない」という否定なので「nu am₃：否定・ある」と言い表すのだ。

すると、総じて「腑に落ちない」とは「「uzusa₃ meski e₁₁ dur-du nu am₃」「はらわた・場所：下へ行く・下へ行く：否定・ある」と言い表わすものだ。

何度も言いますが、「大和言葉は100％シュメール語である！」を理解するには、長い間学校に於ける洗脳教育によってプログラミング化された情報を自分の知性と強い意志で破壊することです。そして、新しいニューロン回路を自らの意思で再構築する（再プログラミング化）ことです。皆さんの知性と強い意志に期待しています）

24. ぶしつけですが（ブシツケデスガ）：否定：じっとしている・食べる：する・ある・の動きを止める

nu sig₃ ku du₃ am₃ da（否定：じっとしている・食べる：する・ある：の動きを止める）
du sigu-ke de s-am ga（s は冠詞音）
bu shidu-ke de s-u' ga
bu shitu-ke de-su　ga
bu-shitsuke desu　　ga
bushitsuke-desu-ga（ブシツケ・デス・ガ　元の音韻と音節）
bushitsukedesuga（ブシツケデスガ　ぶしつけ不躾ですが）

　　　（参考：「ぶしつけ（不躾）ですが」とは、「無作法なことですが」の意である）
　　　（解釈：先ず、これは先手を打って相手の感情を和らげるという日本人的な発想（自己防衛）ではあるが、実はシュメールでも同じである。「ぶ」は「不」と書くように「否定」のことなので「nu：否定」と言い表し、次に「しつけ」は「躾」と書くように「美しい身のこなし」のことなので、食事をするときは「じっとしておとなしく食べる」ので「sig₃ ku：じっとしている・食べる」と言い表し、続い

て「です」は「である」ことなので「du$_3$ am$_3$：する・ある」と言い表し、そして最後の「が」は「述べられる事柄・場面・前提などを示し、あとの内容と結びつける」接続助詞なのだが、そこで文の流れが一旦「止まる」ので「da：の動きを止める」と言い表すのだ。

　すると、「ぶしつけ（不躾）ですが」とは、「無作法なことですが」の意味であるのだが、それを祖語であるシュメール語では「nu sig$_3$ ku du$_3$ am$_3$ da：否定：じっとしている・食べる：する・ある：の動きを止める」と、つまり「躾が出来ていないのですが」と言い表すのだ。

　ともあれ、てっきり純粋な大和言葉だと思えた「ぶしつけ（不躾）ですが」も終わってみれば100％シュメール語であり、「nu sig$_3$ ku du$_3$ am$_3$ da：否定：じっとしている・食べる：する・ある：の動きを止める）」が音韻転訛したものであることがわかるのだ。

　筆者が武器としている比較言語学の中核は音韻論と意味論の二つですが、大和言葉の一語一句にこれだけシュメール語が音韻論的にも意味論的にもピタリと符合しているという事実を前にして、解析した筆者自身も驚きを禁じ得ない。この事実には何人たりとも抗うことは出来ないであろう。全ては辞典・辞書に載っていることなので、疑いの余地など入り込む隙はないと思えるのだ。

25. そこはかとなく（ソコハカトナク）：その・場所：計る・する：否定・ある

　　　me ki h-ag$_2$ du$_3$ nu am$_3$（その場所：計る・する：否定・ある）
　　　　　　　　　　　　　（h-：冠詞音）
　　　de-ko　h-agu tu　nu-amu（gu, mu：語尾の母音語化は「神の法則」）
　　　te-ko　haku-to　n'agu
　　　ce-ko　hakato　　naku
　　　so-ko　hakato-naku（ソコ・ハカトナク　元の音韻と音節）
　　　soko-hakatonaku
　　　sokohakatonaku（ソコハカトナク　そこはかとなく）

123

　　　　（参考：「そこはかとなく」とは、「どこがどういう訳ではな
く全体的にそのように感じられる様子」である）

　　　　（解釈：先ず、「そこはかとなく」は語源も漢字の出典もま
ったく不詳なのだ。諸説はあるものの、「そこ」とは何なのか？　「底」
なのか「そこ（其処）」なのか？　誰にもわからない言葉なのだ。

　そこで、小さな右脳と左脳を総動員し、必死でシュメール語辞典な
どと格闘すること２時間余。ついにその「答え」に辿りついたのだ
〜！

　何のことはない。「どこがどういう訳ではない」ので、つまり「そ
こ（其処）」がわからないので「計りかねる」のだ。これまでの説で
良かったのだ。

　つまり、「そこはかとなく」は測量にかかわった言葉だと考えられ
る。そこで先ず、「そこ」は「ne ki：その・場所」と言い表し、次に
「はかと」は「h-ag$_2$：計る・する」と言い表し、続いて否定の「なく」
は「あることがない」ので「nu am$_3$：否定・ある」と言い表すのだ。

　すると、ご覧の通り、奥ゆかしいと思われた大和言葉「そこはかと
なく」も終わってみれば100％シュメール語であり、「ne ki h-ag$_2$ du$_3$
nu am$_3$：その場所：計る・する：否定・ある」が音韻転訛したもの
であることがわかるのだ。

　さて、これまでご覧いただいたように（とは言え、未だ日本語のほ
んの一部に過ぎないが）、これほどまでに数多くの大和言葉が全て
100％シュメール語であるとなると、文科省から文化庁、学会から大
学や出版社の国語辞典編集部、果ては学校の国語教師に至るまで、全
て再認識と再教育が必要となろうか。これは日本の歴史と文化と宗教
に関わる国家的な由々しき一大事だが、関係諸氏には是非とも真摯に
向き合って頂きたいものである。そう、時は今「風の時代」、「大変革
の時代」なのだから）

26．ままならない（ママナラナイ）：生む・生む：なる：否定・であ
る

umu umu n-ag du$_3$ nu am$_3$ （生む・生む：なる：否定・である）

（n-：冠詞音）

'ma-'ma　na'-lu　　nu-amu （mu：語尾の母音語化は「神の法則」）

mama　　na-la　　n'ami

mama-nala　　　　na'i

mama-nala-nai （ママ・ナラ・ナイ　元の音韻と音節）

mamanalanai （ママナラナイ　ままならない）

　　　（参考：「ままならない」とは、「思う通りにならない」ことである）

　　　（解釈：先ず、「まま」とは「わがまま（我儘）」の「まま（儘）」で「自分の思う通り」の意だが、それは自分の心が「生み出す」ものなのでダブルで「umu umu：生む・生む」と言い表し、次に「なる」は「なる（成る）」ことなのでそのまま「n-ag du$_3$：なる」と言い表し、続いて否定の「ない」は「あることがない」ので「nu am$_3$：否定・ある」と言い表すのだ。

　すると、「ままならない」とは、「思う通りにならないこと」であるのだが、それを祖語であるシュメール語では「umu umu n-ag du$_3$ nu am$_3$：生む・生む：なる：否定・である」と言い表すのだ。

　実は、古代シュメール社会は神々であるアヌンナキ中心のトーテミズムとシャーマニズムの社会だ。必要なことはすべて天上の神々アヌンナキが決めることなのだ。被造物である人間はその決定に唯々従うだけなのだ。「dingir：神」とは、正しくは「decision deliver：命令・伝える」の意味なのだ。だから、人間がこうしたい、ああしたいと思っても、それは人間の心がそう生み出す、つまり思うだけのものであり、叶わないことが多いのだ。そんな苦しい窮状を言い表したものが「ままならない：umu umu n-ag du$_3$ nu am$_3$：生む・生む：なる：否定・である」、つまり「思う通りにならない」なのだ。「ままならない」とはそんな人類の「歴史の闇」を抱えた重い言葉なのだ。

　ともあれ、御覧の通り、大和言葉と思えたこんな「ままならない」

も終わってみれば100％シュメール語であり、「umu umu n-ag du₃ nu am₃：生む・生む：なる：否定・である」が音韻転訛したものであることがわかるのだ。

　皮肉なもので、どれだけ自説「大和言葉は100％シュメール語である！」が正しくとも、世の中は「ままならない」のだ。そう簡単においそれとは歴史と文化と宗教は変われるものではないのだ。

　しかし、それではいつまで経っても悪しき「負の連鎖」から抜け出すことが出来ない。それではいけない。どこかで誰かが勇気を出して行動しなければならない。未来の子供たち・日本・地球のためにも、先ずは自分から変わろう！　自分から変えよう！　そうすれば、いつかは日本が世界が地球が変わるのだから。最後に勝って笑うのは「愛と真実」なのだから）

27．玄人はだし（クロウトハダシ）：職人・熟練：晒す・足

　　ᴵᵘ²gur-gur du₃ bar gir₃（職人・熟練：晒す・足）
　　kur-go　tu　hal-giru（b-h）
　　kur-'o　to　had-misu（l-d, g-m, r-s）
　　kuro　to　had-'asi
　　kuro-to　　had-asi
　　kuroto-hadashi（クロウト・ハダシ　元の音韻と音節）
　　kurotohadashi（クロウトハダシ　玄人はだし）

　　　　（参考：「玄人はだし」とは、その道の「玄人も裸足で逃げ出す」ほど「技芸などに熟達した人。専門家」である）
　　　　（解釈：先ず、「玄人」とはその道の「熟練した職人」のことなので「ᴵᵘ²gur-gur du₃：職人・熟練」と言い表し、「はだし」は「裸足」で「晒（さら）け出した足」のことなので、そのまま「bar gir₃：晒す・足」と言い表すのだ。
　　すると、「玄人はだし」とは、その道の「玄人も裸足で逃げ出す」ほど「技芸などに熟達した人。専門家」であるのだが、それを祖語で

あるシュメール語では「^{lu2}gur-gur du$_3$ bar gir$_3$：職人・熟練：晒す・足」と言い表すのだ。スペルは異なれど意味が3重層というのは初めてである。

　ともあれ、純粋な大和言葉だと思えた「玄人はだし」も終わってみれば100％シュメール語であり、「^{lu2}gur-gur du$_3$ bar gir$_3$：職人・熟練：晒す・足」が音韻転訛したものであることがわかるのだ。2019年9月2日に立ち上げた「大和言葉プロジェクト585」も既に2か月半が経ち、解析語は400語を超えた。だが、シュメール語でなかった大和言葉は唯の一語たりともなかった。全て100％がシュメール語であった！

28．そつがない（ソツガナイ）：「手・腕」・我：否定・ある

<blockquote>

shu-da ga nu am$_3$（「手・腕」・我：否定・ある）

sho-ta　gi nu amu

s'o-tu　ga nu-ami

sotsu-ga　n'-a'i

sotsuga-nai

sotsuganai（ソツガナイ　そつがない）

</blockquote>

　　　（参考：「そつがない」とは、「１．手落ちや不注意な点がない　２．無駄がない」である）

　　　（解釈：先ず、「そつ」だが、その語源についてはどの辞書・辞典にも載っていないのだ。だから、漢字表記もないのだ。誰にもわからない言葉なのだ。さ、「世界の桂樹」ならどうする？「天才・桂樹」なら何とする？　さ、解けねばその名が廃（すた）るのだ。

　実は、この摩訶不思議な「そつ」とは皆さんの想像をはるかに超えて、シュメールに於ける測量の単位「shu-da：「手・腕」」のことだった～！　そこで、先ず「そつ」は「shu-da：「手・腕」」と言い表し、次に「が」は「主格を示す」格助詞なので「ga：我」と言い表し、続いて「ない」は「あることがない」ので「nu am$_3$：否定・ある」と

言い表すのだ。

　すると、「そつがない」とは、「１．手落ちや不注意な点がない　２．無駄がない」であるのだが、それを祖語であるシュメール語では「shu-da di nu am₃：「手・腕」：我：否定・ある」と言い表すのだ。つまり、その「測量に於いてミスがない」のだから「１．手落ちや不注意な点がない　２．無駄がない」となるのだ。

　てっきり大和言葉だと思えた「そつがない」も終わってみれば100％シュメール語であり、「shu-da ga nu am₃：「手・腕」：我：否定・ある」が音韻転訛したものであることがわかるのだ。ここまで大和言葉を400語以上を解析してきたのだが、シュメール語でなかった大和言葉などというものは皆無である！

　また、これまでどんな国語学者でも出版社の編集部でも誰にもわからなかったというその「そつ」の語源を、いとも簡単に在野の、一介の爺ちゃんがこおして解読しているのだ。関係諸氏よ、恥ずかしいとは思わないのか？　プロとしてのプライドというのは皆さんにはないのか？　もうこれ以上「無知という罪」を犯してはならない。もうこれ以上誤った情報で、未来ある子供たちを学生たちを、そして一般市民を洗脳してはならない！　是非にでも「比較言語学」と「シュメール語」を学ぶことをお勧めする次第だ。)

29．やんごとない（ヤンゴトナイ）：の動きを留める・事柄：否定・ある

　　　da du₃ du₃-t-a nu am₃（の動きを留める・する：否定・ある）
　　　　　　　　　　　　（t-：冠詞音）
　　　dya-mu gu-to　n'-amu（mu：語尾の母音語化は「神の法則」）
　　　'ya-n' go-to　n'-a'i
　　　yan-goto　　　nai
　　　yangoto-nai（ヤンゴト・ナイ　元の音節と音韻）
　　　yangotonai（ヤンゴトナイ　やんごとない）

（参考：「やんごとない」とは、「非常に貴い。身分が高い」である）

　　　　（解釈：先ず、「やんごと（止む事）」とは「決まっている物事」の意であり、「やんごとない」とは「そのまま放っておけない」→「（放っておけない程）非常に貴い。身分が高い」に意味が転訛したものだ。そこで、先ず「やむ（止む）」はある「動きを止める」ことなので「da du$_3$：の動きを留める・する」と言い表し、次に「ごと（事）」は「事柄」の意なので「du$_3$-t-a：事柄」（t-：冠詞音）と言い表し、そして否定の「ない」は「あることがない」ことなのでそのまま「nu am$_3$：否定・ある」と言い表すのだ。

　すると、「やんごとない」とは「非常に貴い。身分が高い」であるのだが、それを祖語であるシュメール語では「da du$_3$ du$_3$-t-a nu am$_3$：の動きを留める・する：否定・ある」と、つまり「放っておける事ではない程（非常に貴い・身分が高い）」と言い表すのだ。こうして、てっきり大和言葉だと思えた「やんごとない」も終わってみれば100％シュメール語の「da du$_3$ du$_3$-t-a nu am$_3$：の動きを留める・する：否定・ある」が音韻転訛したものであることがわかるのだ。それもそのはず、アヌンナキが縄文人に教えた由緒正しき言葉（後に「シュメール語」と呼ばれる）こそが後の「大和言葉」なのだから）

30. 清々しい（スガスガシイ）：裸になる・水：裸になる・水：で満たす

　　　sug a sug a si（裸になる・水：裸になる・水：で満たす）
　　　sug-a sug-a shi
　　　suga-suga　shii
　　　suga-suga-shii（スガ・スガ・シイ　元の音節と音韻）
　　　sugasugashii（スガスガシイ　清々しい）

　　　　（参考：「清々しい」とは、「さっぱりして気持ちがいい。爽やかで気持ちがいい」である）

（解釈：先ず、禊（みそぎ）のイメージを摑めばあとは簡単
だ。「裸になって、穢れた身を水で清める」。すると、残るのは「清々
しい」気持ちだ。よって、「清々しい」とは、「禊」をしたあとの「さ
っぱりして気持ちがいい。爽やかで気持ちがいい」心である。

　すると、「清々（すがすが）」は「裸で水を浴びる」ことなのでダブ
ルで「sug a sug a：裸・水：裸・水」と言い表し、次に「～しい」は
禊後はすがすがしい気分に「満たされ」ているので「si：で満たす」
と言い表すのだ。

　すると、こんなにも美しく奥ゆかしい大和言葉と思えた「清々し
い」も終わってみれば100％シュメール語であり、「sug a sug a si：裸
になる：水・裸になる：水・で満たす」が音韻転訛したものであるこ
とがわかるのだ。関係諸氏のみならず一般の方々ももうおわかりであ
ろう。日本の歴史と文化と宗教はその根底から見直さなければならな
い時期にきているのだ。令和6年に贈る筆者からの緊急メッセージ
だ）

31．猫なで声（ネコナデゴエ）：これ・猫・声：性的魅力・作り出す

　　ne sa-a ad ku hi-li（これ・猫・声：性的魅力・作り出す）
　　ne ka-’ n-adu gu ’e-’e（n は冠詞音）
　　ne ko　nade　go e-’
　　ne-ko　nade　go-e
　　neko-nade　　　goe
　　nekonade-goe
　　nekonadegoe（ネコナデゴエ　猫なで声）

　　　（参考：「猫なで声」とは、「人の機嫌を取る為に出す、優し
く媚びるような声」である）
　　　（解釈：先ず、「猫」は「猫」なので「ne sa-a：これ・猫」
と言い表し、次に「なで声」は「媚びるような声」（ad：声）のこと
なので、またその「媚びる」とは「性的な魅力を作る」ことなので、

両者合わせて（順序が逆になるが）「ad ku hi-li：声：性的な魅力・作る」と言い表すのだ。

　すると、「猫なで声」とは、「人の機嫌を取る為に出す、優しく媚びるような声」であるのだが、それを祖語であるシュメール語では「ne sa-a ad ku hi-li：これ・猫・声：性的魅力・作り出す」と言い表すのだ。

　てっきり大和言葉とばかり思えた「猫なで声」も100％「ne sa-a ad ku hi-li：これ・猫：声・媚びる」が音韻転訛したものであることがわかるのだ。日本語の、大和言葉のルーツはアヌンナキの言語「シュメール語」だったのだ。英語も漢字もその祖語は同じく「シュメール語」である。知的な出会いはまだまだ続くのだ）

32.　海千山千（ウミセンヤマセン）：海・1000：山・1000

　　　ti-amat lima kur lima（海・1000：山・1000）
　　　'-umi' din'　kuru-dim'
　　　umi-tin　　　kyulu-tin
　　　umi-sen　　　'yumu-sen
　　　umisen　　　yama-sen
　　　umisen-yamasen
　　　umisenyamasen（ウミセンヤマセン　　海千山千）

　　　　　（参考：「海千山千」とは、「海に千年、山に千年住んだ蛇は龍になるとの言い伝えによる」もので、「世の中の色々な経験を積んでいて、ずる賢くしたたかであること。また、そのような人」である）

　　　　　（解釈：先ず、「海千」は海に千年生きてきたという意味だが、「海」は「海」なのでそのまま「ti-amat：海」と言い表し、年数の「千」は「lima：1000」とするのだ。次に、「山千」も同様に「山」は「山」なので「kur：山」と言い表し、年数の「千」は「千」なので「lima：1000」と言い表すのだ。つまり、総じて「海千山千」は

「ti-amat lima kur lima：海・1000：山・1000」と言い表すのだ。

　すると、「海千山千」とは、「海に千年、山に千年住んだ蛇は龍になるとの言い伝えによる」もので、「世の中の色々な経験を積んでいて、ずる賢くしたたかであること。また、そのような人」であるのだが、それを祖語であるシュメール語では「ti-amat lima kur lima：海・1000：山・1000)」と言い表すのだ。

　ともあれ、純粋な大和言葉と思えた「海千山千」も100%シュメール語の「ti-amat lima kur lima：海・1000：山・1000」が音韻転訛したものであることがわかる。既に分析を30以上こなしてきた訳だが、果たしてこの事実を前に抗うことが出来る天才はいるであろうか？）

33．ひょっとこ（ヒョットコ）：燃える・男

   bil gish（燃える・男）
   hi'-gishu（shu：語尾の母音語化は「神の法則」）
   ho-dik'o
   hyo-tiko
   hyo-toko（ヒョ・トコ　元の音節と音韻）
   hyottokho（ヒョットコ　ひょっとこ）

実は火男神アンギビルの「ひょっとこ」

　（参考：「ひょっとこ」とは、「火男（ひおとこ）」から転じた語で、火を吹く時の顔つきから生じたといわれる」。「1．片目が小

さく、口が尖っていて、滑稽な顔つきをした男の仮面　2．男を罵って言う語」である）

　　　（解釈：先ず、「ひょっとこ」とは、「火男（ひおとこ）」から転じた語であり、竹の吹き棒で燃えている火を拭いて煙たがっている男のイメージなので「bil gish：燃える・男」と端的に言い表すのだ。

　すると、「ひょっとこ」とは、「火男（ひおとこ）」から転じた語で、火を吹く時の顔つきから生じたといわれる」。「1．片目が小さく、口が尖っていて、滑稽な顔つきをした男の仮面　2．男を罵って言う語」であるのだが、それを祖語であるシュメール語では端的に「bil gish：燃える・男」と言い表すのだ。

　確かに「ひょっとこ」とは「火男（ひおとこ）」から転じた語ではあるが、祖語はやはりシュメール語である。大和言葉とばかり思えた「ひょっとこ」も100％「bil gish（燃える・男）」が音韻転訛したものであることがわかるのだ）

　　　（補足：この「ひょっとこ（火男）」を表した考古学上の資料が出土しているので紹介しよう。

「ひょっとこ」の原型：「鼻曲がり土面」（『土器の造形』をイラスト化。）
（岩手県一戸市蒔前遺跡出土。縄文晩期 BC1000年頃。重文）

　ところが、これだけで終わる程歴史は浅くはないのだ。実は、日本で「火男（ひょっとこ）」と言えばシュメールの「火男神アンギビル An Gibil」のことなのだ。その火男神一族の和名は神世七代の第一代

の国之常立（くにのとこたち）神なのだ。意外や意外、パートナーは
あの美人女神ニンフルサグ（和名：木之花佐久夜比売、俗名：おたふ
く・おかめ・かぐや姫）。つまり、俗名同士名は「おかめとひょっと
こ」なのだ。これなど未だ序の口だ。驚くなかれ、この「火の夫婦
神」の正体こそは造化三神の「高御産巣日（たかみむすび）神」だっ
たのだ！　決して独り神などではなかった。更に驚くことに、この国
之常立神こそは、終戦末期に霊能力者の岡本天明に降ろされたかの有
名な未来預言書『日月神示』の実のメッセージの送り手＆実行者だっ
たのである。（出典：拙著『縄文土器は神社だった！』ヒカルランド）

　そして、（信じるか否かは読者に委ねるが）驚くことに、その国之
常立の神様の「お口先」である天原麻悠樹（あまのはら・まゆき）さ
んと電話で「大和言葉は100％シュメール語である！」という話をし
ていたら、突然、天原さんに国之常立の神様から直接メッセージが降
りて来て、「その通りだ！」と仰って下さるのです。それを聞いた筆
者は驚いたと同時に、自分を信じてここまでやって来たことが間違い
ではなかった！　と甚く喜んだものだ（2019／10／17）。筆者の研究
に対して、まさかあの尊大な国之常立の神様から直接「お墨付き」を
賜ることになろうとは…。人知れず真面目にコツコツと努力していれ
ば、神様は必ず観ていて下さって、たまには「良いこと」もあるんだ
なとつくづく実感した次第である）

34．奥ゆかしい（オクユカシイ）：奥：美しい・満たす

　　　　　　　　　　　sig dig si（奥：美しい・満たす）
　　　　　　　　　　　sigu digu-shi（gu：語尾の母音語化は「神の法則」）
　　　　　　　　　　　'iku dugu-shii
　　　　　　　　　　　oku dyuku-shii
　　　　　　　　　　　oku 'yuka-shii
　　　　　　　　　　　oku yuka-shii
　　　　　　　　　　　oku-yuka-shii（オク・ユカシイ　元の音節と音韻）

　　　　okuyukasii（オクユカシイ　奥ゆかしい）

　　　　（参考：「奥ゆかしい」とは、「上品で深みがあり、心が惹き
つけられる。深い心遣いが感じられたり、慎み深かったりして慕わし
い」ことである）
　　　　（解釈：先ず、「奥」は「奥」なのでそのまま「sig：奥」と
言い表し、「ゆかしい」とは「上品で心が引きつけられる」ことだが、
それは「上品で美しい雰囲気で満たされている」ことなので「dig
si：美しい・満たす」と言い表すのだ。

　すると、「奥ゆかしい」とは、「上品で深みがあり、心が惹きつけら
れる。深い心遣いが感じられたり、慎み深かったりして慕わしい」こ
とであるのだが、それを祖語であるシュメール語では「sig dig si：
奥：美しい・満たす」と言い表すのだ。このように、大和言葉を形容
する代表語の一つである「奥ゆかしい」も、皆さんの想像を遥かに超
えて100％シュメール語の「sig dig si：奥：美しい・満たす」が音韻
転訛したものであることがわかるのだ。何人にもこの事実を捻じ曲げ
る権利はない。
「大和言葉は日本の固有言語である」「大和言葉は日本のことばであ
る」などとは「トンデモナイ学説」なのです！　事実誤認も甚だしい
ことです。これまで皆さんが嫌になる程見てきましたように、「大和
言葉は100％シュメール語である！」のです。でも、世の中は何にも
変わりません。世の中、愚かな学者の言うことが絶対的に正しい！
と盲目的に信奉する「権威蒙昧主義者」の人たちがほぼ100％だから
です。不思議ですね〜。だから、「事実は小説よりも奇なり（Facts
are stranger than novels.）」なのです。コロナの脅威とは違って、命
には関係ないからですね。「桂樹説を理解したら、絶対にコロナには
かかりませんよ〜！　苦しむことも死ぬこともありませんよ〜！」な
んて神様が言ったら、皆さんは信じるんですか？　それではただのア
ホですね。知性の欠片もありませんね。）

35. なまめかしい（ナマメカシイ）：作法：振る舞う・作り出す：満

たす

　　　nam di ku si（作法：振る舞う・作り出す：満たす）
　　　namu mi-ka shi（mu：語尾の母音語化は「神の法則」）
　　　nama me-ka shii
　　　nama-meka-shii
　　　namamekashii（ナマメカシイ　なまめかしい）

　　　　　（参考：「なま（艶）めかしい」とは、「女の人の姿かたちが
雰囲気が、あでやかで美しい。色っぽい。あだっぽい」ことである）
　　　　　（解釈：先ず、難しい「なま（艶）」だが、その女性の立ち
振る舞いや「作法」に見て取れるので「nam：作法」と言い表し、
「〜めく」とは「〜らしくなる」「〜らしく見える」「〜の傾向を帯び
る」などの動詞を作る接尾辞だが、それは意識的に「振る舞って作り
出す」ものなので「di ku：振る舞う・作り出す」と言い表し、そし
て最後の「〜しい」はそういう雰囲気で「満たされて」いることなの
で「si：満たす」と言い表すのだ。
　　すると、「なま（艶）めかしい」とは、「女の人の姿かたちが雰囲気
が、あでやかで美しい。色っぽい。あだっぽい」ことであるのだが、
それを祖語であるシュメール語では「nam di ku si：作法：振る舞
う・作り出す：満たす」と言い表すのだ。つまり、簡単には「色っぽ
い」と言い表すのだ。
　　ともあれ、こんな色っぽく艶やかな大和言葉だと思えた「なまめか
しい」も、とどのつまりは100％シュメール語の「nam di ku si：作
法：振る舞う・作り出す：満たす」が音韻転訛したものであることが
わかるのだ。恐るべし、「比較言語学」！　比較言語学こそが「大和言
葉は100％シュメール語である！」ことを証明する唯一の学問的手段
である。学ばない手はない。実に勿体ない。諸氏にお勧めする次第
だ）

36．産声を上げる（ウブゴエヲアゲル）：産む・声：を・上げる

ugu$_4$ k-ugu ra sukud（産む・声：を・上げる）（k：冠詞音）

udu　koku　ro shukudu（gu：母音語化は「神の法則」）

ubu　koke　wro 'agelu

ubu　go'e　w'o　agelu

ubu-goe　　wo　agelu

ubugoe-wo　　　agelu

ubugoewo-agelu

ubugoeuoagelu（ウブゴエヲアゲル　産声を上げる）

　　　　（参考：「産声を上げる」とは、「赤ちゃんが元気に生れ出た
こと」の意である）

　　　　（解釈：先ず、「産声」とは赤ちゃんが産まれる時に最初に
発する声なので「ugu$_4$ k-ugu：産む・声」（k-：冠詞音）と言い表し、
次に格助詞の「を」は「ra：を」と言い表し、そして「（声を）上げ
る」は「（声を）上げる」ことなのでそのまま「sukud：上げる」と
言い表すのだ。

　すると、総じて「産声を上げる」とは「赤ちゃんが元気に生れ出た
こと」の意であるのだが、それを祖語であるシュメール語では「ugu$_4$
k-ugu ra sukud：産む・声：を・上げる」と言い表すのだ。文字通り、
赤ちゃんは「産まれたら声を上げる（作る）」のだ。こんな大和言葉
も結局はシュメール語なのだ。大和言葉と思えた「産声を上げる」も
100％シュメール語の「ugu$_4$ ra sukud：産む・声：を・上げる」が音
韻転訛したものであることがわかる。因みに、「産声 ugu」はその泣
き声の「ogya オギャ」と転訛するのだ）

37. 深く恥じ入る（フカクハジイル）：中の・深い：（風が）吹く・
耳：入る

　　mur$_2$ sig bu$_{(5)}$ gesh$_{2, 3, 4}$ ku$_4$-ra（中の・深い：（風が）吹く・耳：入る）

　　du'-sigu　hu-je'　　　　　　'u-ru

bu-kiku　ha-ji　　　　　i-ru

hu-kaku　haji-iru

fukaku-hajiiru（フカク・ハジイル　元の音節と音韻）

fukakuhajiiru（フカクハジイル　深く恥じ入る）

　　　　（参考：「深く恥じ入る」とは、「大変恥ずかしく思う。恐縮することである」である）

　　　　（解釈：先ず、「深く」だが、「心の中に深く」の意味なので「mur$_2$ sig：中の・深い」と言い表し、次に問題の「恥」はシュメール語にはないので、ここは頭を使い、漢字の「耳」に焦点を当てると、「恥」とは周りの非難や中傷が「耳に吹き込んで」くることなので「bu$_{(5)}$ gesh$_{2,3,4}$：（風が）吹く・耳」と言い表し、そして「入る」は入ることなのでそのまま「ku$_4$-ra：入る」と言い表すのだ。

　すると、「深く恥じ入る」とは、「大変恥ずかしく思う。恐縮すること」であるのだが、それを祖語であるシュメール語では「mur$_2$ sig bu$_{(5)}$ gesh$_{2,3,4}$ ku$_4$-ra：中の・深い：（風が）吹く・耳：入る」と言い表すのだ。つまり、「心の奥深くまで非難や中傷が吹き込んでくる」となるのだ。

　ともあれ、ここでも大和言葉とばかり思えた「深く恥じ入る」も100％シュメール語の「mur$_2$ sig bu$_{(5)}$ gesh$_{2,3,4}$ ku$_4$-ra：中の・深い：（風が）吹く・耳：入る」が音韻転訛したものであろうことがわかるのだ。努々忘れてはならない：「縄文時代から日本の神々はニビル星のアヌンナキであり、日本語もシュメール語であり、とどのつまり日本の歴史と文化と宗教の根幹は全てアヌンナキでありシュメールである！」ということを）

38．畏まる（カシコマル）：神官パテン：蛇女神キと牡牛（神ハル）：（祈る）・する

　　Pad en-si Ki-a-gu$_4$ (ir ga-ga) du$_3$（神官パテン：蛇女神キと牡牛（神ハル）：（祈る）・する）

第2章：文字は歴史と文化と宗教の集大成！

ka' a'-shi k'a-mu　　　　　　lu
ka 　'-shi ko-ma　　　　　　lu
ka-shi　　 koma-lu
kashi-komalu（カシ・コマル　元の音節と音韻）
kashikomalu（カシコマル　畏まる）

　　　（参考：「畏まる」とは「１．恐れ、慎むこと。恐縮する
２．居住まいを正す。正座する　３．命令を慎んで受ける。承知す
る」ことである）
　　　（解釈：先ず、漢字「畏」の「田」が甲骨文字では「十
（七・7）」を表し、かつその意味が「七（7）＝3＋4」、つまり
「「DNAの樹」＝牡牛神ハルと蛇女神キ」であることを知らないと何
も始まらない。因みに、甲骨文字「田」が秘めた情報はこんなレベル
ではない（拙著『漢字に隠されたDNA暗号』たま出版）。次に、「神
官パテン」とは神様の前で竪琴を弾き鳴らして神意を得る司祭者のこ
とである。以降、説明が長くなるので割愛させて頂く。（拙著『縄文
土器は神社だった！』の「畏む」（262P〜264P）参照されたし）
　ともあれ、てっきり大和言葉とばかり思えた「畏まる」は甲骨文字
学者・漢字学者らの想像を遥かに超えて、100％シュメール語の「Pad
en-si Ki-a-gu₄ (ir ga-ga) du₃：神官パテン：蛇女神キと牡牛（神ハル）：
（祈る）する」が音韻転訛したものである）
　　　｛仮説：漢音「キ」＝ir ga-ga の ir（泪　a-igi：水・目）➡ i'
（イ：キ）
　例：ir ga-ga ➡ i'ka-ga（イ・カガ　如何）
　つまり、「畏む」＝「司祭者が牡牛神ハルと蛇女神キに涙ながらに
恐れ慎んで祈り奉ること」なのだ。｝
　　　（補足：帯（タラシ）：琴を弾いて神意を得る司祭者
　　　　　　　pad en-si（⇒ pat e'-si　パテシ：神官）｛pad₃：（琴
　　　　　　　　　　を弾いて）誓う｝
　　　　　　　tal　an-shi
　　　　　　　tal　a'-shi

139

tal-ashi（タル・アシ）

talashi（タラシ　帯）

　　（参考1：『隋書』の中に「倭王、姓、阿毎（あまい）、字
（あざな）、多利思比孤（たりしひき）、號、……」とある。古事記で
はこの「多利思比孤（たりしひき）」を「帯日子（たらしひこ）」と書
き、それは第12代景行（けいこう）天皇の和風諡号「大帯日子淤斯
呂和気天皇（おおたらしひこおしろわけすめらみこと）」の最初の部
分に入っている。実は、この「帯（たらし）」こそは、シュメール語
の「琴を弾いて神意を得る司祭者パテシ（Pad en-si）」が転訛した
「帯（タラシ）」である。因みに、「日子（ひこ）」は日（太陽）の子で
はなく、「pirig（王）-gish（男）」からの転訛である。

　但し、「阿毎（あまい）」=「an-na igi-damu lal」（igi：目、damu：
配偶者⇒目）、つまり「天の：日神・月神：共同体」である。

　　＊「帯日子（たらしひこ：Pad en-si pirig）」=「琴を弾いて神意
を得る司祭者・王」）

39. 手なずける（テナズケル）：手：従う・する

　　　　　　shu ki-za-za du$_3$（手：従う・する）

　　　　　　t'u　gi-zu-gu lu

　　　　　　te　mi-zu-ku lu

　　　　　　te　ni-zu-ke lu

　　　　　　te　na-zu-ke lu

　　　　　　te nazuke-lu

　　　　　　te-nazukelu（テ・ナズケル　元の音韻と音節）

　　　　　　tenazukelu（テナズケル　手なずける）

　　（参考：「手なずける」とは、「自分になつかせる。自分の思
い通りにうごくようにする。自分の手下にする」ことである）

　　（解釈：先ず、「手」は「手」なので「shu：手」と言い表し、
次に「なづける（懐ける）」はその「懐く（なつく）」が「相手が親し

んで従う」ことなので「ki-za-za du₃：従う・する」と言い表し、そして「る」とは「そうする」ことなので「du₃：する」と言い表すのだ。

　すると、「手なずける」とは、「自分になつかせる。自分の思い通りにうごくようにする。自分の手下にする」ことであるのだが、それを祖語であるシュメール語では「shu ki-za-za du₃：手：従う・する」と言い表すのだ。つまり、「手を使って相手が親しんで従うようにする（させる）こと」と言い表すのだ。

　大方の予想に反して、この大和言葉とばかり思えた「手なずける」もまた100％シュメール語の「shu ki-za-za du₃：手：従う・する」が音韻転訛したものであることがわかるのだ。新しい日本語革命の時代は既に始まったのだ：「美しい大和言葉は100％シュメール語である！」）

41. 泣き濡れる（ナキヌレル）：水・目：水・被る

　　　　　　n-a igi n-a lelu（水・目：水・被る）（n-：冠詞音）
　　　　　　na　'ki nu-lelu
　　　　　　na-ki　　nulelu
　　　　　　naki-nulelu（ナキ・ヌレル　元の音節と音韻）
　　　　　　nakinulelu（ナキヌレル　泣き濡れる）

　　　　（参考：「泣き濡れる」とは、「泣いて、涙で頬を濡らす」ことである）
　　　　（解釈：先ず、次に「泣く」とは「目に水をなす」ことなので「n-a igi：水・目」と言い表し、次に「濡れる」とはずぶ濡れのように「水を被る」ことなので「n-a lelu：水・被る」と言い表すのだ。

　すると、大方の予想を裏切って、「泣く」も「濡れる」も共にシュメール語であり、「泣き濡れる」とは、「泣いて、涙で頬を濡らす」ことであるのだが、それを祖語であるシュメール語では「n-a igi n-a lelu：水・目：水・被る」と言い表すのだ。

　これまで数多くの解析を進めてきたが、比較言語学からすると、

141

「外来語とは異なる日本固有の大和言葉」（学説）などというものは何一つないのだ。それは太陽系レベル・地球レベルで物事を捉えることのできない視野の狭い、哀れな人達の儚い妄想に過ぎないのだ。ともあれ、大和言葉と思えた「泣き濡れる」は100%シュメール語の「n-a igi n-a lelu：水・目：水・被る」が音韻転訛したものである。「パラダイムシフト（定説が覆ること）」はもう今ここで始まったのだ。心ある日本人よ、目を覚ましなさい！　あなたが日本を変える戦士なのです！）

42.　空惚ける（ソラトボケル）：騙すつもりで：知っている・否定：顔・する

$\quad$ s-an zi nu igi du$_3$（空：知っている・否定：顔・する）(s-：冠詞音)
$\quad$ sana si-du 'ki-lu
$\quad$ solu ti-bu　ke-lu（n-l, s-t）
$\quad$ sola to-bo　kelu
$\quad$ sola　tobo-kelu
$\quad$ sola-tobokelu（ソラ・トボケル　元の音韻と音節）
$\quad$ solatobokelu（ソラトボケル　空惚ける）

$\qquad$（参考：「空惚ける」とは、「知らないふりをする」ことである）
$\qquad$（解釈：先ず、接頭辞の「空（そら）」は「嘘偽り」の意味で最初から「騙すつもり」なので「su$_3$-ga：騙すつもりで」と言い表したのだが、次に「空」は「空」なので「s-an：空」(s-：冠詞音)と言い表わし、続いて「惚ける（トボケル）」とは「知らないという顔をする」ことなので「zi nu igi du$_3$：知っている・否定：顔・する」と言い表すのだ。
$\quad$すると、総じて「空惚（とぼ）ける」とは、「知らないふりをする」ことであるのだが、それを祖語であるシュメール語では「su$_3$-ga zi nu igi du$_3$：騙すつもりで：知っている・否定：顔・する」と言い表

すのだ。つまり、文字通り「最初から騙すつもりで、知らないよという顔をする」と言い表すのだ。てっきり純粋な大和言葉と思えた「空惚（とぼ）ける」もこれまで解析してきた約40個もの他の例にもれず100％シュメール語であることが判明したのだ。

43. 見初める（ミソメル）：見る：始まり・する

　　　igi sag du$_3$（見る：始まり・する）
　　　'mi sogu-lu（ru：語尾の母音語化は「神の法則」）
　　　mi somu-lu
　　　mi-some-lu
　　　mi-somelu（ミ・ソメル　元の音韻と音節）
　　　misomelu（ミソメル　見初める）

　　　　　（参考：「見初（そ）める」とは、「一目見て恋心を抱く」こと。要は「一目惚れする」である）
　　　　　（解釈：読んで字のごとく、大和言葉「見初める」はシュメール語の「igi sag du$_3$：見る：始まり・する」が音韻転訛したものであることは誰の目にも明らかである。映画界・音楽界・芸能界のスーパースターを「一目見て恋心が始まる」のは世界共通の反応であり理解が出来ようが、昨今の若者の恋愛事情を見るに、そこに大和言葉の「奥ゆかしさ」が丸で見て取れないのは筆者だけであろうか。ともあれ、奥ゆかしい大和言葉「見初める」も100％シュメール語である！のだ）

44. 慮る（オモンパカル）：5・2：考える・計る

　　　i-min sita$_5$ ag$_2$（5・2：考える・計る）
　　　u-mun tada-agu（gu：語尾の母音語化は「神の法則」）
　　　o-mon paga-alu
　　　omon　paka-lu

omon-pak'alu（母音調和による縮音）
omonpakalu（オモンパカル　慮る）

（参考：「慮る」とは、「あれこれ考え合わせる。思い巡らす。深く考える」ことである。「思い計る」）

古代シュメールの国璽円筒印章「誘惑の印璽」（BC1300年頃）『生命の樹』を参考にイラスト化。
左の4枝＝蛇女神キ、中央＝「DNAの樹」、右の3枝＝牡牛神ハル

（解釈：先ず、「慮る（オモンパカル）」の「omonオモン」の祖語の奥義を知るには、どうしても上記のシュメールの国璽・円筒印章印影図を知らなければならない。中央に鎮座する「DNAの樹」を前にして牡牛神ハル（右側）と蛇女神キ（左側）が生命創造のことで「あれこれ考え合わせる」のだ。この日本版が古事記の「国生み神生み」の件（くだり）である。伊邪那岐とは「eš-a-lam giš：3枝と4枝：男」＝牡牛神ハルであり、伊邪那美とは「eš-a-lam mi：3枝と4枝：女」＝蛇女神キであり、共にシュメール語が祖語であり、共にシュメールの神々だったのだ！

この生命創造という「神生み」に絶対に必要な科学的知識の象徴が右に3枝・左に4枝の「DNAの樹」（七枝樹）なのだ。合計7枝なので、シュメールではこれを「i-min：5・2」と記すのだ。そして、これが音韻転訛し大和言葉「omonオモン：思う」になるのだ。つまり、このような地球レベルでの歴史的背景を知らしないとこの大和言葉「慮る（オモンパカル）」は絶対に読み解けない！のだ。日本語を

日本語で読み解こうなどする浅はかな国語学者の到底及ぶ世界ではないのだ。思うに、これ程超難解な大和言葉はないであろう。この本を初めて読まれた諸氏には大変厳しいことだが、「歴史の真実」はそんなところには無いのだ。

　要するに、この「慮る（オモンパカル）」は「伊邪那岐と伊邪那美が生命創造（「神生み」）する際に、「DNAの樹」を前にして二人で「あれこれ考え合わせる」という歴史的なシーンだったのである。

　因みに、大和言葉だけがシュメール語ではなく、実は伊邪那岐・伊邪那美を筆頭に、記紀の神々は全てシュメールの神々アヌンナキであるのだ！（参照：拙著『縄文土器は神社だった！』ヒカルランド））

　　　　（傍証：アラビア半島南端にあるオマーンOman国はシュメール語の「i-min：5・2」が転訛したものである。日本では九州福岡県の地名・宇美（u-mi'：ウミ）もそうである。尚、大和言葉の同義語に「誘う」がある。）

44.　慮る（オモンパカル）：生む・生む：計る・計る（普通読みタイプ）

　　　　　umu umu p-ag$_2$ ag$_2$（生む・生む：計る・計る）（p-：冠詞音）
　　　　　omo-'mu pag-agu
　　　　　omo-n'　　pak-adu
　　　　　emon　　　pak-alu
　　　　　omon-pakalu
　　　　　omonpakalu（オモンパカル　慮る）

　　　　（参考：「慮る」とは、「あれこれ考え合わせる。思い巡らす。深く考える」ことである。「思い計る」。）

　　　　（解釈：先ず、「慮る」とは「思い計る」ことなのだが、その「思う」のシュメール語は見当たらない。アナンヌキによって創造されたホモサピエンスたる現生人類にはあれこれ考える必要はなく、アヌンナキが決定したことを実行するだけなのだ。そこで、「思う」のは「（人間の）心が生み出す」ことなのでダブルで「umu umu：生

む・生む」と言い表し、次に「計る」とは「計る」ことなのでそのままダブルで「p-ag₂ ag₂：計る・計る」（p-：冠詞音）と言い表すのだ。すると、両者を併せて「慮る（オモンパカル）」とは「umu umu p-ag₂ ag₂：生む・生む：計る・計る」（p-：冠詞音）と言い表すのだ。）

　勿論、シュメール語研究家の筆者としては前者が一押しであるが、参考程度に後者も紹介した次第だ。）

45．そらんじる（ソランジル）：言う・聞く：する・する

　　　　　　　dug₄ geshtu₂ dug₃ dug₃（言う・聞く：する・する）
　　　　　　　tu'-ge' ku　　du'-du
　　　　　　　su-semu　　　di-lu
　　　　　　　so-rem'　　　ji-lu
　　　　　　　so-ran　　　　jilu
　　　　　　　soran-jilu
　　　　　　　soranjilu（ソランジル　そらんじる）

　　　　（参考：「そらんじる（諳んじる）」とは「そらで覚える。暗記する。暗唱する」ことである。書いて覚えるのではなく、耳で音を聞いて覚えることなのだ。だから、漢字で「諳」と書くのだ。）

　　　　（解釈：先ず、「そらん」とは「空」の「空」ではなく、「口で言ってその音を聞いて（覚える）」ことなので「dug₄ geshtu₂：言う・聞く」と言い表し、次に「じる」とは「する」ことなのでダブルで「dug₃ dug₃：する・する」と言い表すのだ。

　すると、両者併せて「そらんじる」とは祖語のシュメール語では「dug₄ geshtu₂ dug₃ dug₃：言う・聞く：する・する」と言い表すのだ。ともあれ、何度も言うが、「大和言葉は100％シュメール語である」は真実であるのだ。けしてまやかしなどではない）

46．名残惜しい（ナゴリオシイ）：波・残り：涙を流す・〜で満たす

n-a-shi n-ib$_2$-tag$_4$ bur$_{12}$ si（波・残り：涙を流す・〜で満たす）

na-'　　ni'-tagu　bo'-shii

na　　　no-kamu　ho-shii

na　　　　'-galu　　'o-shii

na-goli　　　　　　　oshii

nagoli-oshii

nagolioshii（ナゴリオシイ　名残惜しい）

　　　（参考：先ず、「名残り」とは「名が残る」ではなく、元々は寄せては返す「波残り」のことである。それが応用されて、色々な出来事の余韻や思い出として残るものを「名残り」となったものである。そこで、「名残惜しい」とは、「去っていくもの、別れるもの（「幸せを感じた波」）に心が引かれて離れるのが辛い」ことである）

　　　（解釈：先ず、「名残」は「波が未だ残っている」状態なので「n-a-shi n-ib$_2$-tag$_4$：波・残り」と言い表し、「惜しい」は「涙を流すそんな状態で満たされている」ので「bur$_{12}$ si：涙を流す・〜で満たす」と言い表すのだ。

　すると、「名残り」とは「名が残る」ではなく、元々は寄せては返す「波残り」のことである。それが応用されて、色々な出来事の余韻や思い出として残るものを「名残り」となったものである」のだが、それを祖語であるシュメール語では「n-a-shi n-ib$_2$-tag$_4$ bur$_{12}$ si：波・幸せである：涙を流す・〜で満たす」と言い表すのだ。つまり、「幸せを感じた波」の感情で「心が一杯になり、涙を流し」たりして「去っていくもの、別れるものに心が引かれて離れるのが辛い」ことが大和言葉の「名残惜しい」になるのだが、このように、その大和言葉「名残惜しい」も100％生粋の古代シュメール語だったのである）

47. 相好を崩す（ソウゴウヲクズス）：顔・形：を：崩す・崩す

　sag ki ra shub shub（顔：形・を：崩す・崩す）

　so'-gi　ro shubu-shu'

sou-gou wro khudu-shu

sougou-'wo　k'uzu-s'u

sougouwo-kuzusu（ソウゴウ・ヲ・クズス　元の音節と音韻）

sougouwokuzusu（ソウゴウヲクズス　相好を崩す）

　　　（参考：「相好」とは「顔つき・表情」のことで、「相好を崩す」とは「喜んでにこにこすること」である。「破顔」も類語である）

　　　（解釈：先ず、「相好」とは「顔つき・表情」のことなので簡単に「sag ki：顔・形」と言い表し、次に格助詞の「を」は「ra：を」と言い表し、そして「崩す」は「崩す」ことなのでダブルで「shub shub：崩す・崩す」言い表すのだ。

　すると、総じて「相好を崩す」とは祖語であるシュメール語では「sag ki ra shub shub：顔・形：を：崩す・崩す」と言い表すのだ。

　赤ちゃんにそんな顔をされたら親はもうメロメロだ〜！　もうダメだ〜！　この子のためだったら死んでもいい〜！　とそう思いたくなりますよね〜。でも、現実はそうではなく、一部には虐待されたり、邪魔だと捨てられたり殺されたりしています。よく聞くがいい。世の身勝手な若いバカ親たちよ、子供はお前たちの単なる「おもちゃ（玩具）・ペット」じゃないんだぞ〜！）

48.　由々しい（ユユシイ）：嫌う・嫌う：で満たす

　　　　　　　　　　hul-gig hul-gig si（嫌う・嫌う：で満たす）

　　　　　　　　　hu'-' hu'-'　　　shi

　　　　　　　　　hyu-hyu　　　　shi

　　　　　　　　　 'yu-'yu　　　　　shi

　　　　　　　　　 yuyu-shii

　　　　　　　　　 yuyushii（ユユシイ　由々しい）

　　　（参考：「由々しい」とは「容易ならない。放っておくと大変なことになる」である）

148

第2章：文字は歴史と文化と宗教の集大成！

　　　（解釈：確かに「由々しい」とは「斎々しい・忌々しい」と
書くように「嫌悪する」という意味であるのでダブルで「hul-gig hul-
gig：嫌う・嫌う」と言い表し、語尾の「しい」は「状態・状況」の
意なので「si：で満たす」と言い表すのだ。

　すると、「由々しい」とは「容易ならない。放っておくと大変なこ
とになる」程、嫌で避けたいことの意であるのだが、それを祖語であ
るシュメール語では「hul-gig hul-gig si：嫌う・嫌う：で満たす」と
言い表すのだ。完璧な大和言葉と思えた「由々しい」も、終わってみ
れば実は100％完璧にシュメール語であることがわかるのだ。

　ここで、シュメールの神々であるアヌンナキ（「天空より飛来した
人々」）の「由々しき」事態について補足したい事件があるのだ。

　アヌンナキがアフリカの金鉱で自ら採掘に従事していたのだが、労
働環境と労働条件が悪くて、下級アヌンナキが抗議の叫び声を上げ暴
動にまで発展するという「由々しき」事態が起きたことがあるのだ。
もちろん、この場合の「由々しき」は下級アヌンナキの「抗議／叫び
声：u$_{(2, 3, 4, 8)}$ 抗議／叫び声：u$_{(2, 3, 4, 8)}$」が音韻転訛したものだ。となると、
先ほどの「由々しい」も「hul-gig ful-gig si：嫌う・嫌う：で満たす」
だけではなく、「u$_{(2, 3, 4, 8)}$ u$_{(2, 3, 4, 8)}$ si：抗議／叫び声：抗議／叫び声：で満
たす」という別の解釈も成り立つのではなかろうかと思うのだが、識
者諸君、如何であろうか？

48．やかましい（ヤカマシイ）：騒がしさ・騒がしさ

　　　　　　　　akkil gad-tad-si（騒がしさ・騒がしさ）（重層語）
　　　　　　　　yakka'ma'-ta'-si
　　　　　　　　yak'a ma -' -shi
　　　　　　　　yaka-mashii（ヤカ・マシイ　元の音韻と音節）
　　　　　　　　yakamashii（ヤカマシ　やかましい）

　　　（参考：「やかましい」とは「1．声や音が大きくて、騒が

しい　2．わずらわしい　3．こまごまと文句が多い」である）

　　　（解釈：先ず、「やかましい（喧しい）」とは声や音が大きくて、「騒がしいこと」なのでダブルで「akkil gad-tad-si：騒がしさ・騒がしさ」と言い表すのだ。

　すると、「やかましい」とは「1．声や音が大きくて、騒がしい　2．わずらわしい　3．こまごまと文句が多い」であるのだが、それを祖語であるシュメール語では「akkil gad-tad-si」と言い表すのだ。つまり、「やかましい」とは、祖語であるシュメール語でも「騒がしさ」がダブルで来ているので、相当うるさいのであろう。関西人が「ジャカマしいわい！」と言うと、筆者を含めた関東人には相当迫力があるように聞こえるのだ。（笑））

49．あまつさえ（アマツサエ）：話：加える・混ぜる

　　　　　　emedu dah he（話：加える・混ぜる）
　　　　　　amatu　ta'-he
　　　　　　amatsu sa-'e
　　　　　　amatsu-sae（アマツ・サエ　元の音韻と音節）
　　　　　　amatsusae（アマツサエ　あまつさえ）

　　　（参考：「あまつさえ」とは、本来は「あまりさえ」の促音便であり、「今まで述べたことに加えて・それだけではなく・おまけに・加えて」という意味である）

　　　（解釈：先ず、「あまつ」だが「今まで述べたこと（話）」の意味なので「emed：話」と言い表し、次に「さえ」は「追加」の意味なので「dah he：加える・混ぜる」と言い表すのだ。

　すると、「あまつさえ」とは、「今まで述べたことに加えて・それだけではなく・おまけに・加えて」という意味だが、それを祖語であるシュメール語では「emedu dah he：話：加える・混ぜる」と表すのだ。つまり、文字通り「今まで話して来たことに加える」となり、100％シュメール語であることがわかる）

50. ぽつねんと（ポツネント）：檻に入れる：～ない・ある：行う

　　　　　　　pag nu am₃ du₃（檻に入れる：～ない・ある：保つ）
　　　　　　　pagu n'-eg' tu（gu：語尾の母音語化は「神の法則」）
　　　　　　　podu nu-em ta
　　　　　　　potu　n'-em to
　　　　　　　potsu-nen to
　　　　　　　potsunen-to
　　　　　　　potsunento（ポツネント　ぽつねんと）

　　　（参考：「ぽつねんと」とは、「寂しそうに一人でいる様子」
である。類語に「ぽつんと」がある）
　　　（解釈：先ず、「ぽつ」とは「何処かにでも入れられて」一
人でいる様子の意なので「pag：檻に入れる」と言い表し、次に「ね
ん」は「（騒ぐことが）何もない」ことの意なので「nu am₃：ない・
ある」と言い表し、そして最後の「と」は格助詞で「⑤動作・作用の
行われ方を表す」ものなので「du₃：行う」と言い表すのだ。
　すると、「檻に入れられた人のように、騒ぐこともなく、寂しそう
に一人でいる（保っている）様子」が「ぽつねんと」であるのだが、
それを祖語であるシュメール語では「pag nu akkil da₃：檻に入れる：
～ない・騒がしさ：行う」と言い表すのだ。つまり、「檻に入れられ
て、騒々しさが全くなくて、しかもそれが保たれている寂しい状態の
こと」を言い表しているのだ。真夏の車中に我が子を一人残して、パ
チンコやギャンブルに興ずるバカ親には「ぽつねんと」する寂しい子
の気持ちなどわかるまい。恐ろしい世の中になってしまったものだ
…）

　大変お疲れ様でした～。さ、〈少し長いもの30語〉、如何だったで
しょうか？　読むのも大変だったでしょう？　でも、驚ろいたでしょ
う？すべてシュメール語でしたね～。中でも最も難解なのが「畏（か

151

しこ）まる」だったかと思います。こればかりはシュメールの円筒印章印影図のことを知らなければどうにもなりませんからね……。

　では、最後は〈かなり長いもの10文〉になります。かなり長いということは一筋縄ではいかないかもしれませんね〜。覚悟して下さい。さて、どうなりますやら。それでは、「世界の桂樹（かつらぎ）」の実力をどうぞ。

〈かなり長いもの10文〉：

　会うは別れの始め・寄らば大樹の陰・出る杭は打たれる・情けは人の為ならず・転ばぬ先の杖・痘痕もえくぼ・惚れた腫れたは当座の内・蓼食う虫も好き好き・魚心あれば水心・知らぬは亭主ばかりなり

　それでは、「会うは別れの始め」から始めましょう。お釈迦様が残された「四苦八苦」の内の「八苦」に「愛別離苦（あいべつりく）」という苦しみがあります。つまり「愛する人とはいつかは別れなければならないという苦しみ」があります。出会うということは、いつかはその人と別れなければならないということです。人は永遠には生きられませんからね。出会った以上、いつかは別れなければならいという現実が待ち受けています。切なく辛いことですが、何人たりともこれを逃れることは許されてはいません。たとえ愛する肉親であっても、家族であっても、恋人であっても…です。受け入れるしかありません。それが宇宙の摂理ですから…。

51．会うは別れの始め（アウハワカレノハジメ）：見る・判断する：裂く・分かつ・分かつ：の：頭・前

　　igi di ba tar na sag igi（見る・判断する：裂く・分かつ：の：頭・前）
　　ami-bi va-taru no kad-imi
　　amu-hi wa-kare no khajime
　　a'u-ha wakare-no 'haj-ime

152

auha-wakareno　　　hajime

auha wakareno-hajime

auhawakarenohajime（アウハワカレノハジメ　会うは別れの始め）

　　　　（参考：「会うは別れの始め」とは、「出会うということは、いつかは別れが来る」ということである。だから、それまでの時間を大切にしなさいということである）

　　　　（解釈：先ず、「会う」は「見る」ことから始まるので「igi：見る」と言い表し、次に副助詞の「は」は「判断の主題を示す」ので「di：判断する」と言い表し、続いて「別れ」は「裂いて分かつ」ことなので「ba tar：裂く・分かつ」と言い表し、更に格助詞の「の」は「na：の」と言い表し、そして最後の「初め」とは「（物事の）頭であり前であることなので「sag igi：頭・前」と言い表すのだ。

　文字通り、「会うは別れの始め」とは「出会うということはいつかは別れが来る」ことであり、それはまた仏陀の教えの中に「四苦八苦」があるが、その八苦の一つ「愛別離苦（あいべつりく）」、つまり「愛する人といつかは別れなければならないという苦しみ」とも重なるのだ。しかし、それさえも「hada$_2$ me：明るく輝く・本質」（➡「hadi-me：始め」）、つまり「人生を明るく輝かせるための本質」であるとするシュメールの哲学は仏教を超えているのかもしれない。いやいや、それが無限の宇宙における「破壊」と「創造」の摂理の本質なのかもしれない。あるいは、仏教もアヌンナキの、エンキ派の教えを汲んでいるのかも知れない。

　ともあれ、てっきり大和言葉だと思えた「会うは別れの始め」も終わってみれば100％シュメール語であり、「igi di ba tar na sag igi：見る：判断する：裂く・分かつ：の：頭・前」が音韻転訛したものであることがわかるのだ）

52．寄らば大樹の陰（ヨラバタイジュノカゲ）：近づく・それならば：大きい・木：の・陰

ku-nu bi gal gish na k-an-dul₃ （近づく・それならば：大きい・木：の・陰）（k-：冠詞音）

ju-du　ba galu-gi' no ka'-gu'

jo-lu　ba dali-dji no ka-ge

yo-la　ba ta'i-'ju　no kage

yola-ba tai-ju　　no kage

yolaba taiju-no　　kage

yolaba taijuno-kage

yolaba-taijunokage

yolabataijunokage （ヨラバタイジュノカゲ　寄らば大樹の陰）

　　　　　（参考：「寄らば大樹の陰」とは、「どうせ頼りにし当てにするのなら、勢力のある人や組織の方が良いという喩え」である）

　　　　　（解釈：先ずは、「寄る」は「近づく」ことなので「ku-nu：近づく」と言い表し、次に条件法の「ば」は「～するなら、それならば」の意味なので「bi：それならば」と言い表し、続いて「大樹」は「大きい木」のことなのでそのまま「gal gish：大きい・木」と言い表し、最後の「陰」は「陰」なので「k-an-dul₃：陰」（k-：冠詞音）と言い表すのだ。

　すると、「寄らば大樹の陰」とは、「どうせ頼りにし当てにするのなら、勢力のある人や組織の方が良いという喩え」であるのだが、それを祖語であるシュメール語では「ku-nu bi gal gish na k-an-dul₃：近づく・それならば：大きい・木：の・陰」と言い表すのだ。つまり、文字通り「近づくならば大樹の陰」と言い表すのだ。

　てっきり大和言葉だと思えた「寄らば大樹の陰」も終わってみれば100％シュメール語であることがわかるのだ。「大和言葉＝シュメール語」であっても何の不思議もないのだ。何故なら、シュメールの神々であるアヌンナキの直系の子孫が、先ずは日本の縄文人であり、かなり遅れてシュメール人であるからだ）

53. 出る杭は打たれる（デルクイハウタレル）：行く・する：杭：判

154

断する：打つ・反対の動作・する

di du₃ gag di sig₃ la du₃（行く・する：杭：判断する：打つ・反
対の動作・する）
de-lu gagu bi sigu-le-lu
delu-kaku hi 'udu-lelu
delu-kuki ha uta-lelu
delu-ku'i ha utalelu
delukui-ha utalelu
delukuiha-utalelu
delukuihautalelu（デルクイハウタレル 出る杭は打たれる）

（参考：「出る杭は打たれる」とは、「１．才能のある人は、
とにかく憎まれる ２．余計なことをすると、思わしくない結果にな
る」ことである）
（解釈：先ず、「出る」は「出て行く」ことなので「di du₃：
行く・する」と言い表し、次に「杭」は「杭」なのでそのまま「gag：
杭」と言い表し、続いて「は」は「判断の主題を示す」副助詞なので
「di：判断する」と言い表し、更に「打たれる」の「打つ」は「打つ」
ことなのでそのまま「ra：打つ」と言い表し、そして受身形の「れ」
は「反対の動作」のことなので「la：反対の動作」と言い表し、そし
て最後の「る」は「する動作」のことなのでそのまま「du₃：する」
と言い表すのだ。
すると、総じて「出る杭は打たれる」とは「１．才能のある人は、
とにかく憎まれる」という意味だが、それを祖語であるシュメール語
では「di du₃ gag di sig₃ la du₃：行く・する：杭・判断する：打つ・
反対の動作・する」と言い表すのだ。
シュメールも日本も他人の才能を憎むのは同じなのだ。余りにも直
訳が通るので笑ってしまう。すると、「出る杭は打たれる」とは「才
能がある各々の人は憎まれ、その才能が開花しないように杭を打たれ
る」、つまり「才能のある人は、とにかく憎まれる」のだということ

155

になる。

　思い起こせば、筆者にも苦い経験がある。まだ若かりし頃だ。ボランティア活動で一緒になり非常に仲が良かった友人が、筆者が本を出版するということを聞いた途端、急に言いがかりをつけ始めてきたのだ。やれ訴訟を起こす・出版の差し止めをするなどと脅しをかけてきたのだ。心を許した（と思っていた）友人にそのようなことをされるとは夢にも思わなかった…。その後、外見上は仲直りをしたものだが、本人の話では筆者の才能を妬（ねた）んだようである。大切な友人を失って本当に悲しかった。以来、人付き合いは慎重にしている。古希を過ぎた今だから言える。「人の才能を妬む暇があったら、自分の才能を磨きなさい！」と。

　ともあれ、てっきり大和言葉だと思えた「出る杭は打たれる」も終わってみれば100％シュメール語そのものであり、「di du₃ gag di sig₃ la du₃：行く・する：杭：判断する：打つ・反対・する」が音韻転訛したものであることがわかるのだ。やはり、「シュメール語＝大和言葉」なのだ）

54. 情けは人の為ならず（ナサケハヒトノタメナラズ）：憐れみ・判断する：人・人：の・利益・である・ない

　　n-arhush di lu₂ lu₂ na a₂-tug n-ag₃ nu（憐れみ・判断する：人・
　　人：の・利益・〜になる・否定）（n-：冠詞音）
　　narhushu bi du-du　no a-tugu nagu du
　　nas'ake　　bi bu-tu　no '-tamu nalu zu
　　nasake-ha bi-to　　no　tame-nala zu
　　nasakeha hi-to　　　no　tamenala-zu
　　nasakeha hito-no　　　　tamenalazu
　　nasakeha-hitono　　　　　tamenalazu
　　nasakeha-hitonotamenalazu
　　nasakeha hitono-tamenalazu
　　nasakehahitonotamenalazu（ナサケハヒトノタメナラズ　情けは

人の為ならず）

　　　（参考：「情けは人の為ならず」とは、「人に情けをかけてお
けば、人の為になるばかりはなく、巡り巡って自分にも良い報いがあ
るものだ」である）

　　　（解釈：先ず、「情け」とは「憐れみ」のことなので
「n-arhush：憐れみ」（n-：冠詞音）と言い表し、次に「は」は「判断
の主題を示す」副助詞なので「di：判断する」と言い表し、続いて
「人」は人なのでダブルで「lu₂ lu₂：人・人」と言い表し、更に格助
詞の「の」は「na：の」と言い表し、そして「為」は「利益」のこ
となので「a₂-tug：利益」と言い表し、最後に「ならず」の「なる」
は「成る」ことなので「n-ag：〜になる」と言い表し、「ず」は打消
しの「ない」の意なので「nu：ない（打消し）」と言い表すのだ。

　すると、「情けは人の為ならず」とは「人に情けをかけておけば、
人の為になるばかりはなく、巡り巡って自分にも良い報いがあるもの
だ」であるのだが、それを祖語であるシュメール語では「n-arhush di
lu₂ lu₂ na a₂-tug n-am₃ nu：憐れみ・判断する：人・人：の：利益・
である・ない（打消し）」（n-, k-：冠詞音）と言い表すのだ。

　言葉を変えて言うと、「情けというのは人の為の涙だけじゃないん
だよ。それを守る為だけのものじゃないんだよ、結局は巡り巡って自
分の為の涙でもあるんだよ」と言い表すのである。シュメール語も日
本語も「自分の為でもあるんだよ」を表に出さない所が奥ゆかしい。
それは「シュメール語＝大和言葉」であるからかも知れないのだ。

　ともあれ、てっきり大和言葉だと思えた「情けは人の為ならず」も
終わってみれば100％シュメール語であり、「n-arhush di lu₂ lu₂ na a₂-
tug n-am₃ nu：憐れみ・判断する：人・人：の：利益・である・ない」
（n-, k-：冠詞音）が音韻転訛したものであることがわかるのだ）

55．転ばぬ先の杖（コロバヌサキノツエ）：回転する・する・否定：
先に行く・杖

gur du$_3$ nu s-igi na gidri （回転する・する・否定：前へ・の：杖）

（s-：冠詞音）

guru-bu nu sigi no di'i （ru：語尾の母音語化。「神の法則」）

koro-ba nu saki no tie

koroba-nu saki no tue

korobanu-saki no tsue

korobanusaki-no tsue

korobanusaki no-tsue

korobanusakinotue （コロバヌサキノツエ 転ばぬ先の杖）

　　　（参考：「転ばぬ先の杖」とは、「失敗しないように、前もっ
て注意するのがよい、という喩え」である）

　　　（解釈：先ず、「転ぶ」は「回転する」ことなので「gur
du$_3$：回転する・する」と言い表し、次に「ぬ」は「否定（〜しない）」
の意味なので「nu：否定」と言い表し、続いて「先」は「先に行く」
（先に考える）ことなので「s-igi：前へ」（s-：冠詞音）と言い表し、
更に「の」は格助詞で「na：の」と言い表し、そして「杖」は「杖」
なので「gidri：杖」と言い表すのだ。

　すると、総じて「転ばぬ先の杖」とは「失敗しないように、前もっ
て注意するのがよい、という喩え」であるのだが、それを祖語である
シュメール語では「gur du$_3$ nu s-igi na gidri：回転する・する・否定：
前へ・の：杖」と言い表すのだ。

　ともあれ、てっきり大和言葉だと思えた「転ばぬ先の杖」も終わっ
てみれば100％シュメール語であり、「gur du$_3$ nu s-igi na gidri：回転
する・する・否定：前へ・の：杖」が音韻転訛したものであることが
わかるのだ。やはり、「大和言葉は100％シュメール語である！」は
不動のものなのだ）

　ふふふ。読者の皆さん、もう見飽きたでしょう？　読み飽きたでし
ょう？　Enough, fed up？　No more？（十分ですか？　うんざりで
すか？　もう結構ですか？）辛抱が足りませんね〜（笑）。まだ〈か

なり長いもの10文〉の半分ですので、もう半分の5個が残っていますよ〜。

　恩師川崎真治先生の「ドリル戦法」は、「これでもか、これでもか！」といって堅牢な城壁（学界の定説・常識）に穴が開くまで徹底的に、相手が根負けするまで解析を繰り出すのです。先生から教えを頂いた筆者も恩師以上に徹底的にやりますので、根負けしないで追いついて来てください。桂樹ファンの方なら大丈夫だと思います。命を削って認めた原稿です（確かにそうですが……）だなんて押し付けませんから、楽しく学んで頂けたらと思います。

　では、ラストの「長いもの5文」です。準備はいいですか？

56.　痘痕もえくぼ（アバタモエクボ）：窪み・窪み：強い：笑う・穴

　　ab ab mah la-ugu bur$_3$（窪み・窪み：強い：笑う・穴）
　　ab-abu ma' le-eku bu'
　　ab-aba mo 　'e-'ku bo
　　ab-ata mo 　eku-bo
　　abata-mo 　　ekubo
　　abatamo-ekubo
　　abatamoekubo（アバタモエクボ　痘痕もえくぼ）

　　　　（参考：「痘痕（あばた）もえくぼ」とは「好きになると相手の醜い痘痕も可愛い笑窪に見える。愛すれば欠点も美点に見える意」である）
　　　　（解釈：先ず、「痘痕」とは「天然痘による顔に出来た窪み」のことなのでダブルで「ab ab：窪み・窪み」と言い表し、次に「も」は「感動・強調」を表す副助詞なので「mah：強い」と言い表し、続いて「えくぼ（笑窪）」は「笑った時に顔に出来る穴」のことなので強い「la-ugu bur$_3$：笑う・穴」と言い表すのだ。
　すると、総じて「痘痕もえくぼ」とは「好きになると相手の醜い痘痕も可愛い笑窪に見える。愛すれば欠点も美点に見える意」であるの

だが、それを祖語であるシュメール語では「ab ab mah la-ugu bur₃：
窪み・窪み：強い：笑う・穴」（t-：冠詞音）と言い表すのだ。人は
恋をすると、醜いはずの「痘痕（アバタ：顔に出来た厭な痕）」も可
愛い「笑窪」になるのだから、恋は不思議なものである。筆者にもそ
んなこともあったような気がするのだ。ともあれ、てっきり大和言葉
だとばかり思えた「痘痕もえくぼ」も実は100％生粋のシュメール語
であったのだ。「知らぬは仏ばかり也」。いやいや、もうこれ以上は
「無知なる仏」を放っとく訳にはいかないのだ。未来ある子供たちが
可哀想だ。「教育ゾンビ」にしてはいけない！）

57. 惚れた腫れたは当座の内（ホレタハレタハトウザノウチ）：愛す
る・する：腫れる・する：判断する：間・の：中の・内側

　　h-ag₂ du₃ gal du₃ di dal-ba-na na mur₂ sha₃-nu（愛する・する：
　　腫れる・する：判断する：間・の：中の・内側）（h-：冠詞音）
　　h-agu tu　galu-tu bi ta'-da-'　　no mu's' a-'
　　hodu-ta　dale-ta hi to-za　　　no 'u-si
　　holu-ta　　bale-ta ha toza-no　　　u-ci（ci：チ）
　　hole-ta　　hale-ta ha tozano　　　　u-chi
　　holeta-haleta　　　ha tozano-uchi
　　holetahaleta-ha　　tozanouchi
　　holetahaletaha-touzanouchi
　　holetahaletahatouzanouchi（ホレタハレタハトウザノウチ　惚れ
　　た腫れたは当座の内）

　　　　（参考：「惚れた腫れたは当座の内」とは、「男女の熱い関係
　　は今の内だけだという喩え」である）

　　　　（解釈：先ず、「惚れた」は「愛する」ことなので「h-ag₂：
　　愛する」（h-：冠詞音）と言い表し、次に「腫れた」は「大きくなる」
　　ことなので「gal du₃：大きい・する」と言い表し、続いて「は」は
　　「判断の主題を示す」副助詞なので「di：判断する」と言い表し、「当

座」は、「しばらくの間」なので「dal-ba-na：間（あいだ）」と言い表し、更に「内」は「しばらくの間」の「中であり内側」であるので「mur₂ sha₃-nu：中の・内側」と言い表すのだ。

　すると、総じて「惚れた腫れたは当座の内」とは、「男女の熱い関係は今の内だけだという喩え」であるのだが、それを祖語であるシュメール語では「h-ag₂ du₃ gal du₃ di dal-ba-na na mur₂ sha₃-nu：愛する・する：腫れる・する：判断する：間・の：中の・内側」（h-：冠詞音）と言い表すのだ。

　確かに、「惚れた腫れたは当座の内」とは「男女の熱い関係は今の内だけだという喩え」であるのだが、それは裏を返せばそれを言っている人間の嫉妬心に他ならない。人間の悍ましい嫉妬心だと感じるのは筆者だけであろうか？

　ともあれ、てっきり大和言葉だと思えた「惚れた腫れたは当座の内」も終わってみれば100％シュメール語であり、「h-ag₂ du₃ gal du₃ di dal-ba-na na mur₂ sha₃-nu（愛する・する：腫れる・する：判断する：間・の：中の・内側」が音韻転訛したものであることがわかるのだ。

　そこで、つくづく思うのだ。「比較言語学」って、すごいなぁ〜！「シュメール語＝大和言葉」だ〜！と声を大にして言えるのだ。学ばない手はない。筆者とご一緒しませんか？「比較言語学」という新しい世界に行ってみたいと思いませんか？　世界一の感動が皆さんをお待ちしていますよ〜！）

58. 蓼食う虫も好き好き（タデクウムシモスキズキ）：苦い・喰う：昆虫・昆虫：強い：好む・好む

　　sheshe ku₃ m-uh s-uh mah s-ag₂ s-ag₂（苦い・喰う：昆虫・昆虫：強い：好む・好む）（m-, s-, ;s-：冠詞音）
　　s'es'u 　kuu mu'-su' 　　ma' sagu-sagu
　　tezu 　　kuu mu-si 　　　mo 　suku-zaku

tadu　　kuu mu-shi　　mo　suki-zuki

tade-kuu　　mushi　　mo　sukizuki

tadekuu-mushi　　　　mo　sukizuki

tadekuumushi-mo sukizuki

tadekuumushimo-sukizuki

tadekuumushimosukizuki（タデクウムシモスキズキ　蓼食う虫も
好き好き）

　　　　（参考：「蓼食う虫も好き好き」とは、「辛（から）いタデの
葉を好む虫もいるように、人間の好みも様々であることの喩（たと）
え」である）

　　　　（解釈：先ず、「蓼（タデ）」は刺身の妻にもなる辛くて「苦
い」薬味なので「sheshe：苦い」と言い表し、次に「食う」は「喰
う」ことなのでそのまま「ku₂：喰う」と言い表し、続いて「虫」は
「昆虫」のことなのでダブルで「mu-uh s-uh：昆虫・昆虫」（m-, s-, ：
冠詞音）と言い表し、更に副助詞の「も」は「感動・強調」を表わし
ているので「mah：強い」と言い表し、そして最後の「好き好き」は
人の好みによる「好き好き」なのでダブルで「ag₂ ag₂：好む・好む」
と言い表すのだ。

　すると、てっきり大和言葉だと思えた「蓼食う虫も好き好き」も終
わってみれば100％シュメール語であり、「sheshu ku₃ m-uh s-uh mah
s-ag₂ s-ag₂：苦い・喰う：昆虫・昆虫：強い：好む・好む」（m-, s-,
;s-：冠詞音）が音韻転訛したものであることがわかるのだ。やはり、
「大和言葉は100％シュメール語である！」のだ。「比較言語学」のこ
とを「蓼食う虫も好き好き」だなんて言って逃げないで下さね。これ
は日本の、あなたの歴史と文化と宗教のことなんですから。基本的に、
縄文時代からあなたも私も「シュメール人」なんですから）

59. 魚心あれば水心（ウオゴコロアレバミズゴコロ）：魚・魚：心：
ある・〜するならば：水・水：心

第2章：文字は歴史と文化と宗教の集大成！

ku$_6$ ku$_6$ lipish am$_3$ bi m-a d-a lipish（魚・魚：心：ある・すれば：水・水：心）（m-, d-：冠詞音）

mu-mu lipishu amu ba m-i z-u lipishu

'u-'u　disir'o ale-ba　mi-zu　disir'o

u-o　　gikiro aleba　mizu-gikiro

uo-gokoro　　aleba　mizu-gokoro

uogokoro-aleba　　mizugokoro

uogokoroaleba-mizugokoro

uogokoroalebamizugokoro（ウオゴコロアレバミズゴコロ　魚心あれば水心）

　　　　　（参考：「魚心あれば水心」とは、「相手の好意次第で、親密になる用意があること」である）

　　　　　（解釈：先ず、「魚」は「魚」なのでダブルで「ku$_6$ ku$_6$：魚・魚」と言い表し、次に「心」は「心」なので「lipish」と言い表し、続いて「ある」は「ある」ことなので「am$_3$：ある」と言い表し、更に「ば」は命令法の従属接続詞（and：〜するならば）と同じ意味なので「bi：〜するならば」と言い表し、更に「水」は「水」なのでダブルで「m-a d-a」（m-, d-：冠詞音）と言い表し、そして最後に「心」は先程の「心」と同じなので「lipish：心」と言い表すのだ。

　すると、総じて「魚心あれば水心」とは、「相手の好意次第で、親密になる用意があること」であるのだが、それを祖語であるシュメール語では「ku$_6$ ku$_6$ lipish am$_3$ bi m-a d-a lipish（魚・魚：心：ある・すれば：水・水：心）」（m-, d-：冠詞音）と言い表すのだ。つまり、文字通り「魚心あれば水心」となるのだ。

　てっきり大和言葉だと思えた有名な格言の「魚心あれば水心」も終わってみれば100％シュメール語であり、「ku$_6$ ku$_6$ lipish am$_3$ bi m-a d-a lipish：魚・魚：心：ある・すれば：水・水：心」（m-, d-：冠詞音）が音韻転訛したものであることがわかるのだ。

　ご覧の通り、私達が子供の頃から聞き慣れ親しんできた有名な大和

言葉の格言も全てシュメール語であるのだ！　90語ある「ことわざ」の内まだ20語位に過ぎず、残り70語もあるが、それでも「ことわざ」以外の大和言葉約450語は全て100％シュメール語であるという解析結果が既に出ているのだ。それでもあなたは「まだ70語もある」と強がり言えますか？　それでもあなたは「大和言葉は日本固有の言葉だ！」などと豪語出来ますか？　既に「88％はシュメール語である」という解析事実に逆らえますか？　既にこの時点で結果は見えている。もう「あなた」を支持する人は誰もいなくなるだろう…）

60. 知らぬは亭主ばかりなり（シラヌハテイシュバカリナリ）：知る・する・否定：判断する：配偶者（夫）・権威：部分・重んじる：断定する・判断する

　　zi du₃ nu di dam shu ba kal di di（知る・する・否定：判断する：配偶者（夫）・権威：部分・重んじる：断定する・断定する）
　　si-lu　 nu bi damu shu ba-kalu ni-li
　　shi-la nu hi tami-shu　ba-kali na-li
　　shila-nu　ha te'i-shu　 ba kali nali
　　shilanu-ha　teishu-bakali　　　nali
　　shilanuha-teishubakali　　　　nali
　　shilanuhateishubakalinali（シラヌハテイシュバカリナリ　知らぬは亭主ばかりなり）

　　　　（参考：「知らぬは亭主ばかりなり」とは、「妻の不貞を周りの人は知っているが、亭主だけが知らないという間の抜けたことの喩え」である）
　　　　（解釈：先ず、「知る」は「知る」ことなので「zi du₃：知る・する」と言い表し、次に「ぬ」は「否定」のことなので「nu：否定」と言い表し、続いて「は」は「判断の主題を示す」副助詞なので「di：判断する」と言い表し、更に「亭主」とは「①家の主人。②夫。」であり、その「亭」とは「②一家の中で主人が、絶対の権力を

もって威張ること」の意であるので、「亭主」は「dam shu：配偶者（夫）・権威」と言い表すのだ。更に、副助詞の「ばかり」とは、「②他を排除してそれを限定することを示す」、つまり「ある部分だけを重んじる」ことなので「ba kal：部分・重んじる」と言い表し、そして最後の「なり」は助動詞で「断定の意を表す」ものなので「di di：断定する・断定する」とダブルで言い表すのだ。

　すると、総じて「知らぬは亭主ばかりなり」とは、「妻の不貞を周りの人は知っているが、亭主だけが知らないという間の抜けたことの喩え」だが、それを祖語であるシュメール語では「zi du₃ nu di dam shu ba kal di di：知る・する：否定：判断する：配偶者（夫）・権威：部分・重んじる：断定する・断定する」と言い表すのだ。

「（妻の不貞を）知りたいと願わないのは亭主だけである」とは不貞も売春もいずれの文明に於いても変わらない「文化」なのかもしれない。昨今の芸能ニュースといえば「不倫」が多すぎる。日本もお手本のアメリカに劣らず「不倫大国」になろうとしているのだろうか。ともあれ、てっきり大和言葉だと思えた「知らぬは亭主ばかりなり」も終わってみれば100％シュメール語であり、「zi du₃ nu di dam shu ba kal di di：知る・する：否定：判断する：配偶者（夫）・権威：部分・重んじる：断定する・断定する」が音韻転訛したものであることがわかるのだ。善かれ悪しかれ、人間の営みは尽きることがなく、バカらしくも悲しくも、そして愛おしくもあるのだ）

　さ、如何だったでしょうか？　自説「大和言葉は100％シュメール語である！」を証明するために、シュメール語による大和言葉の解析実例をこれでもかこれでもかと100語・句・文をご紹介して参りました。非情にも無情にも「大和言葉は100％シュメール語である！」でした。それでもまだ納得がいかないという御仁には、あなたがこれまで何十年も受け続けてきた教育というものを今一度見直すことをお勧めいたします（未来ある若人に於いても同じことです）。「教育」とは、善かれ悪しかれ「洗脳教育」です。過去の呪縛から一日でも早く自分を解放することを望みます。残された人生を少しでも有意義に生きる

ためにも…。また、無限の可能性を持つ若者たちが悪しき過去と決別し、より豊かで知性的な未来を生きるためにも…。アンドロメダ星人が言うように、「未来はあなたのポジティブな想いで創られる！」のですから…。

ともあれ、これまで「大和言葉は100％シュメール語である！」を証明するために、意味論と音韻論の観点から100例も徹底的に解析してきました。「芸能人は歯が命！」ではないですが、その解析の中で音韻的には「グリムの法則」（転訛の法則）が一番大切である、つまり音韻転訛の過程（プロセス）が最も重要であることがわかります。それが「命：zi」であると言っても過言ではないと思います。

民族が移動すると、その移動した先々で言葉が訛って行きます。その転訛の仕組みを法則化したものが天下の「グリムの法則」なのです。今一度このことを胸に刻みながら、残りの身近な40例をご一緒に楽しく解析して行きましょう。

第3章：ごく身の回りの日常語解析40例

　第2章では「美しい雅な大和言葉の解析実例40」と「シュメール語源例60」の計100例をご紹介しましたが、もっと身近な具体例でないと納得できないという方々の為に、今度は「ごく身の回りの日常語：シュメール語による解析実例40」をご用意致しましたので、どうぞまったりとご賞味あれ。

　それでは先ず、人とコミュニケーションを取る場合の最低限必要な簡単な動詞から始めてみましょう。（実は、簡単なものほど難しいのですが……）

①〈見る・聞く・話す・書く〉〈上下左右〉〈東西南北〉〈春夏秋冬〉もすべてシュメール語だった～！

〈見る・聞く・話す・書く〉

●見る（ミル）：見る・する
$$igi \ du_3 （見る・する）$$
　　　　　　'mi-lu
　　　　　　milu（ミル　見る）

　　　（参考：「見る」とは「1．物の存在・形・様子など、目に見えるものを目にとどめる　2．物事を捉える」である）
　　　（解釈：先ず、「見る」とは「目で見る」ことなので単純に「igi du_3：見る・する」と言い表すのだ。元々「igi：イギ」とは「目」のことだが、物を見るのは「目」だからだ。

すると、てっきり日本語と思えた「見る」も100％シュメール語の「igi du₃：見る・する」が音韻転訛したものであることがわかるのだ。

　因みに、古代文字の一つであるとされる「カタカムナ文字」は、実はこのシュメール語の「igi：見る」の絵文字「Ｇ」がその文字素かも知れないのだ。創造者である神々アヌンナキは、特に造化三神の大神様は八咫（やた）の鏡を通してすべてをその「目で見ている」かも知れないのだ。

　ここで、世界中を席巻している「新型コロナ covid-19」について世界初の興味深い情報を提供致します。それをどう受け止めるかどうかは皆さん次第です。尚、この情報は Facebook 上の、筆者が管理者となっている「神々の古代史 NS6」や、筆者がメンバーとなっている「古代史研究会」や「日本の古代史と古代文字倶楽部」に2021年2月10日頃に投稿したものです。（ほぼ原文のまま。一部微調整）

★桂樹通信です！

　今回は「カタカムナ」に記された「コロナ予言」について。

　皆さんはその「カタカムナ」文字がシュメール語（絵文字）から出来ていることを知っていますか？

　初耳ですか？

　誰もそんなことわかりませんからね……。

　その道の大家でも知りませんからね……。

　その五十音の中には、極めて重要な文字が6個あります。

それは、シュメール語の ⊖（igi：見る／目）の形をしている 6 文字の

| a | -u | -ko | -na | -mu | -ya | です。 |

（ ⊖ ）（ ⊕ ）（ ⊎ ）（ ⊍ ）（ ⊌ ）（ ⊐ ）

特に、

ko (9) -na (7) -mu (6) -ya (8) の 4 文字が重要です！

（スキップコードにすると、「コロナや！」と読めそうです）

それをシュメール語に置き換えると、

| ku | -na | -mu | -ya |
| （じっとしている） | （人間） | （年） | （家） |

●「人間が家でじっとしている年である！」

となりました!!

そうです、

世界流行病（パンデミック）になって今現在も世界中で猛威を振るっている「新型コロナ covid-19」のことです！

非常事態宣言下では、

「人は家でじっとしている我慢の年である」ということです！

オリンピックなどはとんでもない！　ということです。

因みに、この予言の送り主は上記の「a-u」の伊邪那岐命（牡牛神ハル）と伊邪那美命（蛇女神キ）です。

　神々は遥か昔からコロナのことを予言し、私たちに警鐘を鳴らしていたんですね〜!!

　あなたの軽率な、その行動が事態を更に悪化させてしまうのです。

　あなたが本当に守りたいものは何ですか？

　地位ですか？
　名誉ですか？
　家族ですか？
　自分ですか？
　国家ですか？
　地球ですか？

　愛ですか？
　真実ですか？

　それとも、神様ですか？

★あなたの知性が輝きますように！

（「シュメールの神官」より）

　ま、こんな具合にです。
「カタカムナ文字」（シュメール語）自体を否定することは簡単ですが、今から約5000年前の古代シュメール語が施文された「ヌヌズ土器」（ヌヌズ　nunuz：子孫（繁栄））の存在さえも知らない・理解できない下劣でお粗末な人達などには「カタカムナ文字」を否定する資

第3章：ごく身の回りの日常語解析40例

格の欠片もないと思うのです。そして、そんな人達が組織する「学会」なるものを神の如く妄信するマスメディア（権威蒙昧主義者）など…呆れてものが言えない位です。

　おっと、また毒舌になってしまいました。失礼。話を元に戻します。
　ともあれ、皆さんがこれまで嫌になるくらい見てきたように、「大和言葉」を筆頭に日本語は殆んど100％シュメール語なのです。それでは、また日常語の解析を続けましょう。

●聞く（キク）：木（機織り機）
　　　　　　　gish｛木（機織り機)}
　　　　　　　gishu（shu：母音語化は「神の法則」）
　　　　　　　kishu
　　　　　　　kik'u
　　　　　　　kiku（キク　聞く・聴く）

　　　　　　（参考：「聞く」とは「音や声を耳に感じること」である）
　　　　　　（解釈：先ず、シュメールでは女性が「機織り機」でちゃんと布を織っているかどうかを監督が「耳に感じる」ことが「聞く」の始まりなので「gish：木（機織り機）」と言い表すのだ。
　　　　　　（知見：tub_2（織った布）＝機織り機の楔形文字「𒌇」＝漢字の「耳」に酷似だ！
　➡漢字「耳」＝音韻も象形もシュメール語だ！
　gish（聞く）＝機織り機の音に耳を聳てている：甲骨文字。
　➡「聞く」の門構えは gate ではなく、「聳てた両手」の象形！

●話す（ハナス）：話す・話す：する
　　　　　　　　be_2 be_2 du_3（話す・話す：する）
　　　　　　　　ba-de　tu
　　　　　　　　ha-da　su
　　　　　　　　ha-na　su

171

hana-su（ハナ・ス　元の音韻と音節）

hanasu（ハナス　話す）

　（参考：「話す」とは「1．言葉で伝える。言う　2．相談
する　3．語り合う」である）

　（解釈：「話す」とは話すことであるのでそのまま「be₂ be₂
du₃（話す・話す：する）」と言い表すのだ。

●書く（カク）：書く・書字板

　　　　　　sar dub（書く・書字板）

　　　　　　sa'-gu'

　　　　　　ka-ku

　　　　　　kaku（カク　書く）

　（参考：「書く」とは「文字・符号・図形・絵などの、目に
見える形で表すこと」である）

　{解釈：先ず、古代シュメールでは司祭書記（en-si dub
sar：エンシ・ドゥブサル）が書字板に楔形文字を刻むことが「書く」
の始まりですので「書く」は「sar dub：書く・書字板」と言い表す
のだ。（因みに、「sar sar：書く・書く」もありそうだ）

　すると、「書く」とは「文字・符号・図形・絵などの、目に見える
形で表すこと」であるのだが、それを祖語であるシュメール語では
「sar dub：書く・書字板」と言い表すのだ。

　てっきり身近な日常語だと思えた日本語の「書く」も終わってみれ
ば100％シュメール語であり、「sar dub：書く・書字板」が音韻転訛
したものであることがわかるのです。}

　（参考：シュメールの粘土板には、太陽系12番目の惑星ニ
ビル（公転周期3600年）と地球との、アヌンナキ（「天空より飛来し
た人々」）と地球人との驚異の歴史が刻まれている。参考図書：『人
類を創成した宇宙人』など。ゼカリア・シッチン著、徳間書店）

172

第3章：ごく身の回りの日常語解析40例

　さ、如何でしたか？　こんな簡単で日常的な〈見る・聞く・話す・書く〉もすべてシュメール語なのです。ですから、日本語の本当の歴史を知るにはどうしてもシュメール人とシュメール語と、アヌンナキという神々を知ることが必須事項となるのです。驚いたでしょう？

　何、そんなことは常識だ？　それは結構なことです。

　では、お次は〈上下左右〉です。でも、侮（あなど）らないで下さいね。「左（ひだり）右（みぎ）」などを音韻的に形状的に正しく説明・解釈してある辞書・辞典の類は、日本中にも世界中にも只の一冊たりともありませんからね。こんな基本的で身近で簡単な一文字単語が、です……。特に「右」などは別格です。これがシュメールの神様アヌンナキの漢字であるなんて知っている人がいれば、その人は天才レベルですね。（もちろん、川崎真治先生の書籍を読んでいる人は除きますが…）

〈上（ウエ）・下（シタ）・左（ヒダリ）・右（ミギ）〉

●上（ウエ）：神・神
　　　　　　u-beele（u 神：シュメール語：beele 神：バビロニア語）
　　　　　　u-be'
　　　　　　u-ve
　　　　　　u-we
　　　　　　u-'e
　　　　　　ue（ウエ　上）

　　　　（参考：「上」とは「①位置として高い所」である）
　　　　（解釈：漢字「天地」を見ると、地の「高い所」にある天上には「神々」がいるので、「上」を「u-beele：神・神」と言い表すのだ）また、「神は上におる」ので「u am$_3$（神・おる）」が u-a' ➡ u-e ➡ ue（ウエ　上）と転訛する可能性も）

●下（シタ）：真下から

　　　　　ki-ta（真下から）

　　　　　si-ta

　　　　　shi-ta

　　　　　shita（シタ　下）

　　　（参考：「下」とは「①位置が低い所」である）

　　　（解釈：「下」とは「真下から」成るものなので「ki-ta：真
下から」と言い表すのである）

●左（ヒダリ）：方向・近づける・腕を（＝蛇女神キ＝伊邪那美）

　　　　　h-im dah a-da（方向・近づける・腕を）(h-：冠詞音)

　　　　　him　da' a-la

　　　　　hi'　da　'-li

　　　　　hi-dali（ヒ・ダリ　元の音韻と音節）

　　　　　hidali（ヒダリ　左）

　　　別形：h-im gubu₃（方向・左）(h-：冠詞音)

　　　　　him-zudu

　　　　　hi'-dulu

　　　　　hi-duli

　　　　　hi-dali

　　　　　hidali（ヒダリ　左）

　　　（参考：「左」とは「①北を向いたとき、西にあたる方」で
ある）

　　　（解釈：先ず、「左」が「①北を向いたとき、西にあたる方」
である」では単なる詭弁的な説明であり、それには更に「北」と「西」
の説明が必要になりますので、「西」の歴史的な解釈にはなりません。
実は、「左」は単なる方向ではなく、シュメールの「女神」のことな
のです。ですから、次ページのシュメールの円筒印章「誘惑の印璽」
の歴史的な解釈が絶対に必要になるのです。で、「方向・近づける・

174

腕を」だけでは何のことを言っているのかさっぱりわかる筈もありません。誰が、誰に、「腕を近づける」のでしょうか？ それは、そこに暗喩（省略）されている何かがあるからです。そして、それが無くてもシュメール人には意味が暗黙に通るから省略されているのです。それ程までに暗黙の共通の理解がシュメール人にはあったのです。では、何が暗喩（省略）されているのでしょうか？ それを教えてくれるのがかの有名な円筒印章陰影図です（下記）。早い話が、シュメールの「転がし式ハンコ」です。とくとご覧あれ。

シュメールの国璽・「誘惑の印璽」（BC3000年頃）『生命の樹』を参考にイラスト化。
中央に鎮座する7枝樹は「DNAの樹」である。
蛇女神キ（左側）と牡牛神ハル（右側）が互いに腕を差し出している。
すべてはここから始まった！

➡答え：「Har-e（ハル神・へ）」が省略されている。

ご覧のように、蛇女神キと牡牛神ハルが共に「方向・近づける・腕を」、つまりお互いの「方向に腕を近づけ」て（差し出して）いますからわかるのです。しかし、これが古事記の「国生み・神生み」のシーンになる訳ですが、どうして「方向・近づける・腕を」の主語が蛇女神キ（伊邪那美）だと言えるのかというと、その根拠は二つあります。

1. 上記画像を観ると直ぐにわかりますが、蛇女神キは「DNAの樹」の「左」側に位置しているからです。因みに、これを漢字

化すると「妹（いも）」になります。そうです、「左」側の女偏＝「蛇女神キ」で、「未」＝「DNAの樹」なのです。「ひつじ」じゃないですよ〜（笑）。このように、漢字の文字素の位置構成はシュメールの歴史を正確に伝えていたのです。

2. 更に、漢字「左」の中にある「工」は、実は神々を表す漢字の文字素であり、蛇女神キ（十干の最後を飾る「壬癸（ジンキ：dingir Ki：蛇女神キ）」だからです。

　という訳で、身近で簡単だと思われた漢字「左（hidali：ひだり）」はシュメール語で表向きは「h-im gubu₃：方向・左」とは書き表すものの、その裏では「方向・近づける・腕を」と書き表すのです。しかも、その奥義たるや非常に奥が深くレベルが超高いのです。つまり、地球レベルで知識を総動員しないとわからないということになっているのです。

　でも、すべてが繋がると誰よりも古代史を深読みすることが出来るようになり、喜びもひとしおです。あのTVで有名な東〇ハイスクールのH先生もここまで来ることは出来ないでしょうから、どなたか先生にそっと教えて上げると良いでしょう。番組中に先生がこのことを少しでも言及してくだされば「国家的な知的財産」になることかと思います。

　{知見：「左」を「sa：サ」と音読みするのは、「gashan（ガシャン：女神）」が 'sha ➡ s'a ➡ sa（サ：女神）と縮音したものである。つまり、漢字「左」を「hidali：ヒダリ」と読んでも「sa：サ（女神）」と読んでも意味は同じで、どちらも蛇女神キ（伊邪那美）を表しているのだ。これが川崎比較言語学上の「常識」なのだ}

●右（ミギ）：5・2：男（＝牡牛神ハル＝伊邪那岐）
　　　　　　i-min gish（5・2：男）
　　　　　　'-mi' gi'
　　　　　　 mi-gi（ミ・ギ　元の音韻と音節）

migi（ミギ　右）

　　（参考：「右」とは「北を向いたとき」東にあたる方」である）
　　（解釈：先ず、「右」とは「の北を向いたとき、東にあたる方」では単なる詭弁的な説明であり、それには更に「北」と「東」の説明が必要になりますので、「右」の歴史的な解釈にはなりません。実は、「右」は単なる方角ではなく、シュメールの「男神」のことなのです。そこで、「左右」はペアですから、前述の円筒印章「誘惑の印璽」がそのまま適用されます。「右（ミギ）」＝「5・2：男」では少しわかり辛いでしょうから、ヒントは「5・2（i-min）」です。足すと「5＋2＝7」になります。この「7」＝7枝樹の「DNAの樹」の左右の枝（正確には葉）の数「7」と理解すると、あとが楽になります。そうです。すると、上記画像にある「DNAの樹」の「右」にいる男（神）とは牡牛神ハルしかいませんので、「5・2：男」は必然的に牡牛神ハルになります。つまり、伊邪那岐になります。尚、牡牛神ハル＝伊邪那岐、蛇女神キ＝伊邪那美の詳細につきましては拙著『縄文土器は神社だった！』をご覧ください）
　　（参考：「右（ミギ）」を「yu：ユウ／u：ウ」と音読みするのは、「gu₄（牡牛）」が gyu ➡ 'yu ➡ 'u（ウ）と音韻転訛したものであり、牡牛神ハルのことである。つまり、漢字「右」を「migi：ミギ（5・2：男）」と読んでも「yu：ユウ／u：ウ（牡牛）」と読んでも意味は同じで、どちらも牡牛神ハル（伊邪那岐）を表しているのだ。これが川崎比較言語学上の「常識」なのだ}

　さ、如何でしたか？　小学生でも知っている身近で簡単な日本語「左右（ひだり・みぎ）（さゆう）」が、実は一番難しいシュメールの神々（＝古事記の神々）の歴史的な文字情報であることがお分かり願えたでしょうか？　以前、『舟を編む』（2013年。原作・三浦しおん）という素晴らしい映画がありましたが、その前宣伝が「「右」が読めますか？」とありました。ところが、その「右」自体がシュメールの牡牛神ハルであり、古事記の伊邪那岐であるなどとは作者の三浦さん

にはわかるはずもありませんでした。

　ところで、実はあのシュメールの円筒印章陰影図「誘惑の印璽」が
秘めている情報は未だまだこんなレベルではないのです。それだけで
一冊の本が書けるくらいなのですが、今回はこの程度で終わりたいか
と思います。残りの超ディープな話などは筆者の講座などでお楽しみ
ください。

　さて、お次は方角・方向を表す〈東西南北〉ですが、すべてシュメ
ール語です。一番簡単で身近な「左（ひだり）右（みぎ）」がシュメ
ール語だったのですから、後はもう何が来てもシュメール語であると
諦めた方が賢明ですね。

〈東（ヒガシ）・西（ニシ）・南（ミナミ）・北（キタ）〉

●東（ヒガシ）：方向・日の出
　　　h-im ash（方向・日の出）(h-：冠詞音)(ash：バビロニア語)
　　　him-ashu（shu：母音語化は「神の法則」）
　　　him-ashi
　　　hiŋ-ashi（m-ŋ）
　　　hig-ashi（ヒグ・アシ　元の音韻と音）
　　　higashi（ヒガシ　東）

　　　（参考：「東」とは「日の出る方角」である。）
　　　（解釈：「東」とは「日の出る方角」であるので、そのまま
「h-im ash：方向・日の出」（h-：冠詞音）と言い表すのだ。）

●西（ニシ）：否定・日の出
　　　　　nu ash（否定・日の出）
　　　　　nu-ashu（shu：母音化は「神の法則」）
　　　　　nu-ishu

　　　　　n' ishi（母音調和による縮音）

　　　　　nishi（ニシ　西）

　　（参考：「西」とは「太陽が沈む方角」である）

　　（解釈：要は、「日の出の方向ではない（反対）方向」が
「西」なので、「西」を「nu ash：否定・日の出」と言い表すのだ。）

●南（ミナミ）：山の・女（＝火山女神ニンフルサグ）

　　　　　　　gin-na mi（山の・女）（＝火山女神ニンフルサグ）

　　　　　　　min-na mi

　　　　　　　mi'-na mi

　　　　　　　mina-mi（ミナ・ミ　元の音韻と音節）

　　　　　　　minami（ミナミ　南）

　　（参考：「南」とは「太陽の出るほうに向って右の方角であ
る」）

　　（解釈：シュメールでは、方角の「南」は「女神の属性」で
表していたので、「南」のことは「gin-na mi：山の女の・女（神）（＝
火山女神ニンフルサグ）」と言い表すのだ。「山の女」＝「火山女神ニ
ンフルサグ」という共通理解がなされているのだ。同様に、「i-da
mi：5・数：女」＝「板見」（地名）＝「火山女神ニンフルサグ」で
ある）

　　（補足：キトラ古墳の宿星図で「南」が朱雀（＝火山女神ニ
ンフルサグ）なのはこの為であろう）

●北（キタ）：目・目（太陽神・月神）

　　　　　　　igi-dam（目・目）{太陽神（ウツ）・月神（ナンナル）}

　　　　　　　'gi-ta'

　　　　　　　ki-ta

　　　　　　　kita（キタ　北）

（参考：「北」とは「①太陽の出る方に向かって左の方角」
である。）

　　　（解釈：「北」という漢字は「乖」・「背」（どちらも「そむ
く」と読む）という漢字の要素になっているように、互いに背中合わ
せになった象形なのだが、実は左側の文字素「⺀」＝「太陽神（ウ
ツ）」で、右側の文字素「ヒ」＝「月神（ナンナル）」であることは余
り知られてはいない。とは言うものの、北の空に見える太陽と月が相
反する関係は童謡「海」の中の「海は広いな　大きいな　月はのぼる
し　日がしずむ」の一節にも見ることが出来るのだ。で、その「北」
をどうして「キタ　kita」と読むのかというマジックの種明かしは、
命辛々黄泉の国から戻った伊邪那岐の「禊（みそぎ）」にある。伊邪
那岐が最初に「左目」を洗った時になった神が「天照大御神」であり、
次に「右目」を洗った時になった神が「月読命」であるとの故事によ
るものである。そして、この「北」を代表する２柱の神様は「ペア
（対）」で表わされていたので、「北（キタ）のことを「igi-dam：目・
目（配偶者）」、つまり「日神・月神」と言い表していたのだ。

　簡単に思えた「北」の語源が余りにも複雑で難解なので「頭にキ
タ！」だなんてなりませんでしたか？　ふふふ。）

●北（キタ）：後ろ・向ける（一般向け）
　　　　　　　egir-igi（後ろ・向ける）（注：「igi：向く」を「向ける」
　　　　　　　と拡大解釈）
　　　　　　　'gi-idi
　　　　　　　ki-' ti
　　　　　　　ki-ta
　　　　　　　kita（キタ　北）

　　　（参考：「北」とは「①太陽の出る方に向かって左の方角」
である。）

　　　（解釈：先ず、「北」という漢字は「乖」・「背」（どちらも
「そむく」と読む）という漢字の要素になっているように、互いに

「背中合わせになった人」の象形なので、つまり互いに「後ろを向けた人」の象形なので、そのまま「egir igi：後ろ・向ける」と言い表すのだ。但し、「igi：向く」を「向ける」と拡大解釈した。）

　さ、皆さんはどちらの解釈がお好みでしょうか？　筆者はどちらもです。

　さて、〈東西南北〉如何でしたか？〈東西〉なら未だしも、〈南北〉がシュメールの火山女神ニンフルサグや、太陽神・月神から出来ているなどとは想像も出来なかったことではないでしょうか。でも、これが「歴史の真実」なのです。奥が深くて面白いでしょう？　たまりませんね〜。（こんな研究ばかりしていては「お金なんか全然たまりませ〜ん！」ですけどね。（笑））

　さて、お次は〈春夏秋冬〉です。古希を過ぎて、美しい四季のある日本に生まれて本当に良かったと心からそう思えます。と同時に、全ての事に於いて「八百万の神々」が息づいていると昔から言われていますが、それは裏を返せば、美しい雅な大和言葉に彩られている日本はシュメールの「アヌンナキの神々」が息づいているということの証でもあるのです。きっとこれから解析が始まる〈春夏秋冬〉にもそのことを感じて頂けるのではないでしょうか。

〈春（はる）夏（なつ）秋（あき）冬（ふゆ）〉

●春（ハル）：牡牛神ハル
　　　　　　Har（牡牛神ハル）（大地の男神）
　　　　　　haru（ru：母音化は「神の法則」）
　　　　　　haru（ハル　春）

　　　　（参考：「春」とは「冬の次で、夏の前の季節」である。）
　　　　（解釈：「春（ハル）」は種蒔きのため「牛」による田畑の開墾の季節なので、大地の男神である「Har：牡牛神ハル」そのものと

なっているのだ。確かに地名・人名・天皇名には（シュメールの）「神名による命名原理」が働いているのだが、それは位置関係や方角・方向だけでなく四季にも当てはまるのだ）

●夏（ナツ）：否定・要求／欲求
　　　　　　nu as₂（否定・要求／欲求）
　　　　　　n'-asu（su：母音化は「神の法則」）
　　　　　　natu
　　　　　　natsu（ナツ　夏）
　　　別形：kum₂（夏）
　　　　　　kumu（mu：母音化は「神の法則」）
　　　　　　gudu
　　　　　　mutu
　　　　　　nutsu
　　　　　　natsu（ナツ　夏）

　　（参考：「夏」とは「春の次で、秋の前の季節」である。）
　　（解釈：「夏」は夏なのでそのまま「kum₂：夏」と言い表すのだが、もう一つ別な表現もあるようだ。「夏：kum₂」になると、暑くて（hum）、熱波（kum₂）にやられて血液がドロドロになり（hum）、体全体が麻痺して（hum）何もしたく（as₂）ない（nu）状態になるのだ。そこで、何も「したく（as₂）ない（nu）」季節を「nu as₂：否定・要求／欲求」と、つまり「夏：natsu」と呼んだのである。確かに、シュメール語の「夏：kum₂（クム）」は日本語の「natu：夏」の音韻になることはなるのだが、音韻転訛そのものよりも夏の状況・内容の方も自然と採用されたようである）

●秋（アキ）：アンギビル神
　　　　　　An Gibil（アンギビル神）
　　　　　　a'-kimi'
　　　　　　a-ki'

第3章：ごく身の回りの日常語解析40例

　　　　aki（アキ　秋）

　　（参考：「秋」とは「夏の次で、冬の前の季節」である。）
　　（解釈：季節の「秋」は「禾‐火」である通り、禾木（かほく）が燃えるイメージである。当然のこと、漢字の「秋」は燃える「火」男神ギビル神から出来ているので「An の Gibil：アンギビル神」と言い表すのだ。素晴らしいイメージ言語なのだ。同様に、「春」も「ハル神・キ女神」から出来ているのだ。）

●冬（フユ）：冬／穴
　　　　　　hub（冬／穴）
　　　　　　hubu（bu：母音語化は「神の法則」）
　　　　　　fuhu
　　　　　　fuhyu
　　　　　　fu'yu
　　　　　　fuyu（フユ　冬）

　　（参考：「冬」とは「秋の次で、春の前の季節」である。）
　　{解釈：「冬」は「冬」なのでそのまま「hub：冬／穴」と言い表すのだ。水（a）が冷たく（shed$_7$）なる冬（hub）になると、蛇（mush）（蛇女神キ Ki＝大地の女神）などの生き物たちが穴（hub）の中に逃げ（di）込んで冬眠などするから「冬」は「hub：冬／穴」と言い表すのだ。つまり、「冬」＝「hub／shed$_7$＝ mush×(a-di)」だが、それは大地の女神 Ki が再び大地に戻っていくイメージのようだ}
　　（補足：シュメールは北緯30度〜34度の広がりで、日本では大体福岡県の北九州市から屋久島間位の広がりである）

　　さ、〈春夏秋冬〉如何でしたか？　四季の中にもシュメールの神様はいましたね。これで、位置関係を表す〈上下左右〉にも方角・方向を表す〈東西南北〉にも、そして今回の四季を表す〈春夏秋冬〉にもシュメールの神様がいたことになりますね。「いた」というのではな

く、自然を含めた殆どすべての営みに「シュメールの神々」が息づいていることの証なのです。それ程までに、太古の昔から（縄文時代の初めから）日本人はシュメールのアヌンナキと共にあったのです。「文字は歴史と文化と宗教の集大成」。文字を見れば、その国の歴史と文化と宗教が大体手に取るようにわかります。だから、それが第2章のタイトルにもなっているのです。

さてお次は、毎年暮れになると来年は何年（なにどし）だ何年だと言いますように、その十二支（子丑寅卯辰巳午羊申酉戌亥）を解析してみましょう。今年は「辰（たつ・タツ）」年ですが、どうなりますやら。十二支すべてシュメール語であれば笑ってしまいますね、本当に。只の言語革命では片づけられませんね。「歴史と文化と宗教の大革命！」になってしまいますね。さ、どうでしょうか？

② 十二支もすべてシュメール語である！

先ず、中国には干支（えと）という物事の捉え方があり、十干（じっかん）と十二支（じゅうにし）から成りますが、その「干」とは「DNAの樹」の「幹」のことです。片や、「支」とは「DNAの樹」の「枝」のことです。残念ながら、これを読み解けた人は地球上には誰もいません。超難解なカバラを読み解けないと絶対に出来ませんから…。ともかく、そのことも少し意識しながら十二支を読み解いていくと宜しいでしょう。

〈子（ね）丑（うし）寅（とら）卯（う）辰（たつ）巳（み）午（うま）羊（ひつじ）申（さる）酉（とり）戌（いぬ）亥（いのしし）〉

●子(ネ・ネズミ):(食用タイプの)ネズミ ／ ネズミ・産む
$pesh_2$ {(食用タイプの) ネズミ}　　　$pesh_2$ umu （ネズミ・産む）
be'　　　　　　　　　　　　　　　　　bez' -umi
me　　　　　　　　　　　　　　　　　dez-umi

ne（ネ：子）　　　　　　　　　　　nez -umi

nezumi（ネズミ　鼠）

　　　（解釈：「子」は「ね：ne」と発音すれば「pesh$_2$｛（食用タイプの）ネズミ｝」のことであり、「ねずみ：nezumi」と発音すれば「pesh$_2$ umu：ネズミ・産む」のことである。中国は何でも食材とする国として有名だが、シュメールもネズミを食するとは初耳である）

　　　（補足：pesh（子宮）➡子宮の「子」は十二支の「子（ネ：ネズミ）」に繋がる多産のイメージである。それはまた、「pesh$_2$ umu（ネズミ・産む）」の「umu ウム：産む」が「子宮 womb」の祖語であると考えられるからだ。また、pesh ➡ 'esh（＝「遺伝暗号トリプレット」）にも発展するかも知れない）

　　　（知見：漢字「子」の甲骨文字は「凷」と書き、それは「DNA の樹」2 神（ハル神とキ女神）のことであるが、読み解けた者は筆者以外まだ誰もいない。そのバリエーションは数多くあるのだが、その意味は理解されなかったようだ。そしてその後、金文にあるように、その 2 神（ハル神・キ女神）から科学的に生まれた「子」が古代殷王朝の「伯㝩子」の「子」という姓である。こちらの「子」は「子供」のことであり「ネ・ネズミ」ではないので誤解のないように）

●丑（ウシ）：（家畜の）牛

gud（家畜の）牛

gudu（du：母音語かは「神の法則」）

'utu

usu

usi

ushi（ウシ　丑）（牛）

　　　（補足：漢字「丑」は牛なのだが、牛は春の田畑の開墾時に、脚の蹄（ひずめ）でしっかりと大地を摑むのだ。それを象形化したものが甲骨文字「𠃑」であり、更にそれを漢字化したものが「丑」であ

るのだ。「丑」は元々牛の脚の蹄のことである）

　　　（解釈：「丑」は「牛」なのでそのまま「gud：（家畜の）牛」
と言い表すのだ）

　　　（知見：「牛」のシュメール語は12個程あるのだが、その中
に「am：牛（野生雄）」がある。それは英語に取り入れられて
「amulet：護符」の amu- となるのだが、その am（牛）はただの牛で
はなく牡牛神ハル（和名：伊邪那岐命）のことである。だから護符に
なるのだ。牛頭天皇の護符とて同じである。ともあれ、英語の祖語も
シュメール語であることがわかろう。それ故に、「歴史の真実」を正
しく伝える意思があるのであれば、英和辞典も英英辞典も書き直す必
要が急務である。もちろん、日本の国語辞典・漢字辞典は言うに及ば
ずだが…）

●寅（トラ）：ライオン・猫
　　　　　　t-ug sa-a（ライオン・猫）（t：冠詞音）
　　　　　　tuk　ra-'
　　　　　　to'-ra（ト・ラ　元の音節と音韻）
　　　　　　tora（トラ　寅・虎）

　　　（解釈：シュメール語に虎はいないので、「ライオンのよう
な猫」と考えられるので「虎」は「t-ug sa-a：ライオン・猫」（t-：冠
詞音）と言い表すのだ。）

●卯（ウ・ウサギ）：犬・耳
　　　　　　ur geshtu$_2$（犬・耳）
　　　　　　uru-gish'（ru：母音語化は「神の法則」）
　　　　　　usu-gi'
　　　　　　usa'-gi
　　　　　　usagi（ウサギ　卯）（兎）

　　　（解釈：シュメール語には兎がないので、大きな耳をした犬

が兎のように跳ねる様子を捉えて「ur geshtu$_2$：犬の耳」と言い表すのだ）

●辰（タツ）：複数
　　　　　　lal（複数）
　　　　　　lalu（lu：母音化は「神の法則」）
　　　　　　dalu
　　　　　　tatu
　　　　　　tatsu（タツ　龍・辰）

　　　　（解釈：シュメールでは辰（龍）は「蛇毒と野牛」との「複数」の掛け合わせと考えられていたのだが、日本にはその「複数」の意味と音韻だけが残り、「辰（タツ）」は「lal：複数」と言い表すのだ）

　　　　（補足：シュメール語辞典には「ウシュム ushum（ush$_{11}$＝snake venom, am = wild ox)」が、つまり「蛇毒と野牛の掛け合わせ」が「composite creature（掛け合わせの生物)」であると記されている）

●巳（ミ：ヘビ)：蛇　　　　　　　　　蛇
　　　　　　mush（蛇)　　　　　gu-bi（蛇)
　　　　　　mish　　　　　　　　ku-bi
　　　　　　mi'　　　　　　　　khu-bi
　　　　　　mi（ミ　巳)　　　　'hu-bi
　　　　　　　　　　　　　　　　he-bi
　　　　　　　　　　　　　　　hebi（ヘビ　蛇)

　　　　（解釈：シュメール語には「蛇 mush」があり、それは「蛇hebi」には転訛しないが、上記左のように「巳（ミ mi)」にはなるのだ。片や、「ヘビ（蛇)」の方はシュメール語の「gu-bi（蛇)」がそのまま音韻転訛したものだ。「ミ mi：巳」と読んでも「ヘビ　hebi：蛇」

と読んでも、どちらもシュメール語源であるのだ）

　　　　（補足１：元々「gu-bi（蛇）」の方は大地の女神である蛇女神キのイメージが強い。例えば、筆者の生まれ故郷は昔の新潟県西頸城郡であるのだが、その不気味な響きの「頸城（くびき）」は実はシュメール語の「gu-bi（グ・ビ　蛇）」なのだ。つまり、蛇女神キ信奉族が打ち建てた国が筆者の生まれ故郷の「頸城（くびき）」なのである。この他、「en-ki（蛇）」も含めて日本には３種類のヘビの表記があることになる。貴重な歴史的・文化的な知的遺産だが、理解できる人が誰もいないという事実は筆者にはとても辛い現実である）

　　　　（補足２：因みに、「巳（ミ）」が施文してある日本で唯一の貴重な縄文土器（中期）が、城下町川越の川越歴史博物館（川越成田山の相向かい側。入館料：大人500円）の２階の片隅にひっそりと展示してある。解析内容は既に担当者に教えてあるので、詳しい説明は現地で。「蔵造の町」川越を散策の折りには是非一度は立ち寄ってみては如何でしょうか？　ひょっとしたら、超ラッキーで「世界の桂樹」に出会えるかも知れませんよ〜。（笑）

●午（ウマ）：馬（雌）
　　　　　　　anshe ama gan（馬（雌））（anshe ＝ロバ）
　　　　　　　　’　-uma-’
　　　　　　　uma（ウマ　午）（馬）

　　　　（解釈：先ず、シュメールには「馬」がいない。そこで、「午」は「anshe-ama-gan（ロバ・母・立ち止まること）：馬」と、「ロバ」をもって言い表すのだ。但し、真ん中に「ama（アマ：母）」があるので雌馬のことだ。馬を「ba　バ」と読むのは、ロバが山を登る際に休息の為に途中で「gan：立ち止まる」ので、gan ➡ da’ ➡ ba（バ馬）と音韻転訛したものであろう。他方、（雄）馬は一般的に「anshe-kur-ra：ロバ・山・（岩肌を足で）叩く」と言い表すのだ）

第3章：ごく身の回りの日常語解析40例

●未（ヒツジ）：羊・信用

　　　　　　b-itu-zi（羊・信用）（b-：冠詞音）
　　　　　　bitu-ji
　　　　　　hitsu-ji
　　　　　　hitsuji（ヒツジ　羊）

　　　（解釈：昔から「羊」は大人しくて「信用」できる家畜なので「b-itu-zi：羊・信用」（b-：冠詞音）と言い表すのだ。）

●申（サル）：声・隠れる

　　　　　　ugu dul（-bi）（声・隠れる）（- 奴）
　　　　　　’du-lu’（lu：母音語化は「神の法則」）
　　　　　　 tulu
　　　　　　 talu
　　　　　　 salu（サル　申）（申：物を申す➡人間のように声を
　　　　　　　　 上げるから）

　　　（解釈：「申」が「声を上げて直ぐに隠れる」性質なので「ugu dul：声・隠れる」と言い表すのだ。）
　　　｛補足：ugu：声、dul：隠れる（-bi：こいつ／あいつ）➡「申・猿」は「声を上げて直ぐに隠れる奴ら」だからだ｝
　　　｛知見：dul（隠れる）➡ zul（ズルする：隠れて怠ける）。「ズル」の祖語は意外やこの「申」のシュメール語だったのだ！｝

●酉（トリ）：鳥

　　　　　　mushen（鳥）
　　　　　　duse’
　　　　　　ture
　　　　　　tori（トリ　鳥）

　　　（解釈：「酉」は「鳥」なのでそのまま「mushen：鳥」と言

189

い表すのだ）

●戌（イヌ）：ウ～という唸り声（＝犬）（・正しく行動を起こす）
　　　　ur（-gin$_6$）（ウ～という唸り声＝犬）（－正しく行動を起こす）
　　　　uru-'（ru：母音語化は「神の法則」）
　　　　ilu
　　　　inu（イヌ　犬・戌）

　　　　（解釈：「犬」は人が来ると「唸り声をあげ（ur）」、飼い主
にその旨を知らせるという「正しく行動を起こす（-gin$_6$）」ものなの
で、そのまま「ur（-gin$_6$）：ウ～という唸り声（「－正しく行動を起こ
す」）」と言い表すのだ。）

●亥（イノシシ）：犬・家畜の豚・暗い木
　　　　　　　ur shah$_2$ ^{gish}gi（犬・家畜の豚・暗い木々）
　　　　　　　uru-shi'　　ki（ru：母音語化は「神の法則」）
　　　　　　　ilu-shi'　　si
　　　　　　　inu-shi　　shi
　　　　　　　ino-shi　　shi
　　　　　　　inoshi-shi
　　　　　　　inoshishi（イノシシ　亥）（猪）

　　　　（解釈：読んで字のごとく、「亥」とは「猟犬：ur」に追わ
れて、「暗い木々：gish gi」の間に生息し、そして野生化した「家畜
の豚：shah$_2$」なので「ur shah$_2$ ^{gish}gi：犬・家畜の豚・暗い木々」と言
い表すのだ。）

　さて、十二支如何だったでしょうか？　たった今ご覧になったよう
に、〈子（ね）丑（うし）寅（とら）卯（う）辰（たつ）巳（み）午
（うま）羊（ひつじ）申（さる）酉（とり）戌（いぬ）亥（いのしし）〉
はすべてシュメール語でした～！

生活の中にすっかり溶け込んでいる十二支は100%シュメール語でしたから、もう笑うしかないでしょう？　でもね、只の言語革命として片づける訳にはいきませんね。正直申し上げて、これは日本国にとっては「歴史と文化と宗教の大革命！」と言っても過言ではないからです。

でも、これが現実なんです。これが「歴史の真実」なんです。皆さんはこの後、それを再び嫌と言うほど味わうことになるでしょう。でも、日本の歴史と文化と宗教のことですから、あなたの歴史と文化と宗教のことですから、あなた自身の歴史と文化と宗教のことですから、是非とも楽しんで頂きたいかと思います。きっと新しい歴史観・文化観・宗教観が生まれて来るかと思います。それを生かすも殺すもあなた次第なのです。地球の未来もそこにかかっていると言っても過言ではありません。

③ 陰暦もすべてシュメール語である！

それでは、私達の毎日の生活の中に溶け込んでいる「美しい雅な大和言葉」の最後を飾るのは、柔らかな響きと風雅な香りのする陰暦の別称です。いつまでも心に残る日本の文化として守りたいものですね。

〈睦月（ムツキ）・如月（キサラギ）・弥生（ヤヨイ）・卯月（ウズキ）・皐月（サツキ）・水無月（ミナヅキ）・文月（フミヅキ）・葉月（ハヅキ）・長月（ナガツキ）・神無月（カンナヅキ）・霜月（シモツキ）・師走（シワス）〉

●睦月（ムツキ）：柔らかい・月（month）
　　　　dur$_{10}$-gur$_2$ t-iti {柔らかい・月（month）}（t-：冠詞音）
　　　　　　’-gu’-tisi
　　　　　　　mu-tuki（g-m, s-k）
　　　　　　　mu-tsuki
　　　　　　　mutsuki（ムツキ　睦月）

（参考：「睦月」とは、「陰暦正月の別称」である）

　（解釈：先ず、「睦月」とは正月になり、集まった家族が「仲睦まじくする月」と言われている。そこで、「睦（目・坴：リク）」とは「目が柔らかくなる」ことの意であるので「du$_{10}$-gur$_2$：柔らかい」と言い表わし、次に「月」は「月」なのでそのまま「t-iti：月」（t-：冠詞音）と言い表わすのだ。すると、両者併せて、「睦月」とは「du$_{16}$-gur$_2$, t-iti：柔らかい月」（t-：冠詞音）と言い表わすのだ。このように、純粋な大和言葉だと思えた年の始まりを示す「睦月」も100％由緒正しきシュメール語であることがわかるのだ。）

　（補足：また、一年の計は元旦にあり。「新春を祝い寿（ことほ）ぐ」とあるが、その「祝う {ab u（父・屈める）}」も「寿（ことほ）ぐ・言祝（ことほぐ）{ka-sil（口・喜び）}」もどちらも立派なシュメール語である）

　（知見：一月の14日夜から翌朝にかけて全国で行なわれる風物詩に「左義長（さぎちょう）」がある。「どんど焼き」ともいわれるが、実はこれも由緒正しきシュメール語「shag$_4$ izi shib：心・火・悪魔祓い」である）

●如月（キサラギ）：（身）に付ける：加える・加える：月
　　　　gi dah dah iti {（身）に付ける：加える・加える：月}
　　　　ki da'-da'　asi
　　　　ki ta-la　　aki
　　　　ki sa-la　　agi
　　　　ki-sala　　 agi
　　　　kisala-agi
　　　　kisal' agi（母音調和による縮音）
　　　　kisalagi（キサラギ　如月）

　（参考：「如月」とは、「陰暦二月の別称」である。寒さで着物を更に重ねて着ることから「着更着（きさらぎ）」とする説が有力

第3章：ごく身の回りの日常語解析40例

である。また中国では「如月（じょげつ）」と言われていた）

　　　（解釈：先ず、「着更着（きさらぎ）」説を基にすると、「着」は「着る」つまり「身に付ける」ことなので「gi：(身)に付ける」と言い表わし、次に「更」とは「追加する」の意なのでダブルで「dah dah：加える・加える」と言い表わし、そして「月」は「月」なのでそのまま「iti：月」と言い表わすのだ。すると、総じて「如月（キサラギ）」とは「gi dah dah iti：(身)に付ける：加える・加える：月」と言い表わすのだ。）

　　　（知見：因に、「着更着（きさらぎ）」説では「〜月（ツキ／ヅキ）」が無いことが昔からのネックであったが、無いのではなく「iti：月」の音韻転訛の過程が他の陰暦の月とは少し異なり「iti-asi-aki-agi」となる転訛をするからである。）

●弥生（ヤヨイ）：加える・加える：生きる
　　　　　　　　dah dah zi（加える・加える：生きる）
　　　　　　　　dya'-dya' si（z-s）
　　　　　　　　'ya-'ya　 ki（s-k）
　　　　　　　　 ya-yo　　mi（k-m）
　　　　　　　　 yayo-'i
　　　　　　　　 yayoi（ヤヨイ　弥生）

　　　（参考：「弥生」とは、「陰暦三月の別称」である。「弥（や・いや）」には「ますます」の意味があるので、陰暦三月は草木が「ますます生（お）い」茂る季節なので、三月を「弥生」と称するという説が有力である）

　　　（解釈：先ず、草木「弥（いや）生（お）い」説に従うと、「弥（いや）」は「ますます」、つまり「加えて加えて」の意になるのでダブルで「dah dah：加える・加える」と言い表わし、次に「生」は「生い（茂る）」、つまり「生きる」ことなので、そのまま「zi：生きる」と言い表わすのだ。すると両者併せて「弥生（ヤヨイ）」とは「dah dah zi：加える・加える：生きる」、つまり草木が「弥（いや）

193

生（おい）」（茂る月）と言い表わすのだ。因みに、美しい和琴の音色に彩られた「さくら、さくら、弥生の空は見渡す限り…」。その情景が目に浮かぶようです。日本人であって本当に良かった、と思うのです。）

●卯月（ウヅキ）：犬・月
　　　　　　　　ur d-iti　（d-：冠詞音）
　　　　　　　　u'-diti
　　　　　　　　u-duki
　　　　　　　　u-zuki
　　　　　　　　uzuki（ウヅキ　卯月）

　　　　（参考：「卯月」とは、「陰暦四月の別称」である。５弁で白色の「卯の花」が咲く頃（実際は５月から６月）なのでその名がある。）
　　　　（解釈：先ず、「卯」とは十二支の「卯」つまり「兎」であるが、シュメールではそれは「犬」として括（くく）られていたので「ur：犬」と言い表わし、次に「月」は「月」なのでそのまま「d-iti：月」（d-：冠詞音）と言い表わすのだ。すると、両者併せて「卯月（ウヅキ）」は「ur d-iti：犬・月」（d-：冠詞音）と言い表わすのだ。因みに、シュメールでは「獅子（ライオン）」も「犬」として括られ、「ur mah：犬・強大な」と言い表されていた。）

●皐月（サツキ）：縁（ヘリ）・月
　　　　　　　　zag d-iti（縁（ヘリ）・月 month）（d-：冠詞音）
　　　　　　　　sa'-diti（z-s）
　　　　　　　　sa-tiki（d-t, t-k）
　　　　　　　　sa-tuki
　　　　　　　　sa-tsuki
　　　　　　　　satsuki（サツキ　皐月）

　　　　（参考：「皐月」とは、「陰暦五月の別称」である。因みに、皐月の「皐（こう・さつき）」とは、「縁（へり）・岸辺」のことであり、一説には「皐月」とは「苗床で育てた苗を田んぼに植える早苗月（さなえづき）の意である」と言われる。また、「五月晴れ」とは「梅雨の合間の晴れ間」のこと）

　　　　（解釈：先ず、「皐（こう）」とは「縁（へり）」のことなのでそのまま「zag：縁（ヘリ）」と言い表し、次に「月」は「月」なのでそのまま「d-iti：月」と言い表すのだ。すると両者併せて「皐月」とは「zag d-iti：縁（ヘリ）・月 month」（d-：冠詞音）つまり「苗床で育てた苗を一旦田んぼの「縁」に置いてその土壌に慣らし、それから植える月」と言い表すのだ。

　このように、難しい「皐月」も終ってみれば100％シュメール語であることがわかるのだ。これでまた「アハ・スイッチ」が入りましたか？）

●水無月（ミナヅキ）：水・否定：月
　　　　m-a nu z-it（水・否定：月）（m-, z-：冠詞音）
　　　　ma-na　ziti
　　　　mi-na　zuki
　　　　mina-zuk
　　　　minazuki（ミナヅキ　水無・月）

　　　　（参考：「水無月」とは、「陰暦六月の別称」である。今の7月頃なので、田畑は水不足であったと思われる。だから、「水無月」と言われる所以だ）

　　　　（解釈：先ず、「水」は「水」なので「m-a：水」（m-：冠詞音）と言い表わし、次に「無」とは「否定」のことなのでそのまま「nu：否定」といい表わし、そして「月」は「月」なのでそのまま「z-iti：月」（z-：冠詞音）と言い表わすのだ。すると総じて陰暦の「水無月」とは「m-a nu z-iti：水・否定：月」（m-, z-：冠詞音）と言い表わすのだ。どうです？　100％シュメール語です。至って簡単で

しょ？）

●文月（フミヅキ）：ことば・月

　　　f-eme d-iti（ことば・月（month））（f-，d-：冠詞音）

　　　feme-diti

　　　fumi-zuki

　　　fumizuk（フミズキ　文月）

　　　（参考：「文月」とは「陰暦七月の別称」である）

　　　（解釈：先ず、「文月（フミヅキ）」とは「文被月（ふみひら
づき）」（書物を広げて夜気に晒（さら）して、書の上達を願う風習よ
り）の省略形と言われている。そこで、この説に従うと、「文（フミ）」
とは「㋱ことば・（言葉）」なのでそのまま「f-eme：ことば」（f-：冠
詞音）と言い表し、次に「月」は「月」なのでそのまま「d-iti：月」
（d-：冠詞音）と言い表すのだ。すると、両者併せて「文月（フミヅ
キ）」とは「f-eme d-iti：ことば・月（month）」（f-，d-：冠詞音）と
言い表すのだ。このように、てっきり大和言葉だと思えた「文月（フ
ミヅキ）」も終わってみれば100％シュメール語であることがわかる
のだ。）

●葉月（ハヅキ）：葉・月

　　　　　　pa d-iti（葉・月）（d-：冠詞音）

　　　　　　pha-diti

　　　　　 'ha-duki

　　　　　 ha-zuki

　　　　　 hazuki（ハヅキ　葉月）

　　　　（参考：「葉月」とは「陰暦の八月のこと」である）

　　　　（解釈：「葉月」とは「陰暦の八月のこと」、つまり今の九月
のことであり、そろそろ「葉が色付いて落ち（始め）る月」と言われ
ているので、そのまま「pa d-iti：葉・月」（d-：冠詞音）と言い表す

のだ。てっきり大和言葉だと思えた「葉月」も終わってみれば100％シュメール語であり、「pa d-iti（葉・月）」が音韻転訛したものであることがわかるのだ。実に簡単。）

●長月（ナガツキ）：長くある・月

gidz-da d-iti（長くある・月）（d-：冠詞音）

mi'-ga　diti

ni-ga　　tiki

na-ga　　tuki

naga-tsuki

nagatsuki（ナガツキ　長月）

　　　　（参考：「長月」とは「陰暦九月の別称」である。「長夜月（ながよつき）」とも言う）

　　　　（解釈：先ず、「長月」とは「夜長月」が縮音されたものだが、秋分が過ぎて日が短くなり、その分夜がだんだんと「長くなって」いく頃なので、そのまま「gidz-da d-iti：長くある・月」（d-：冠詞音）と言い表すのだ。てっきり大和言葉だと思えた「長月」も終わってみれば100％シュメール語であることがわかるのだ。実に単純。）

●神無月（カンナヅキ）：神・否定・月

dingir nu d-iti（神・否定・月）（d-：冠詞音）

danmi'-na duti

kam'-na　zuki

kan-na　　zuki

kanna-zuki

kannazuki（カンナヅキ　神無月）

　　　　（参考：「神無月」とは「陰暦十月の別称」である。出雲で神々による縁結びの会議があるので、地方では神が居なくなるのでこの呼び名がある。逆に、出雲では「神在月」と言う）

（解釈：読んで字のごとく、「神無月」とは「陰暦十月の別称」である。出雲で神々による縁結びの会議があるので、地方では神が居なくなるのでこの呼び名があるのだが、それを祖語であるシュメール語でも「神々のいない月：dingir nu d-iti」と言い表すのだ。てっきり大和言葉だと思えた「神無月」も終わってみれば100%シュメール語であり、「dingir nu d-iti：神・否定・月」が音韻転訛したものであることがわかるのだ）

●霜月（シモツキ）：静かにしている・月
　　　　　　　　sig₉ d-iti（静かにしている・月）（d-：冠詞音）
　　　　　　　　sigu-duki（gu：語尾の母音語化は「神の法則」）
　　　　　　　　shimu-tuki
　　　　　　　　shimo-tsuki（シモ・ツキ　元の音韻と音節）
　　　　　　　　shimotsuki（シモツキ　霜月）

　（参考：「霜月」とは「陰暦十一月の別称」である）
　（解釈：先ず、銃やライフルの引き金を引く極意に「暗夜に霜の降るが如く」とあるように、「霜」は「静かにしている：sig₉」の代名詞である。文字通り、「霜月」とは「陰暦十一月の別称」であり、初霜が夜中に「静かに」降りる月のことだが、それを祖語であるシュメール語でも「（降って）静かにしている霜の月」と言い表すのだ。てっきり大和言葉だと思えた「霜月」も終わってみれば100%シュメール語であり、「sig₉ d-iti（静かにしている・月）（d-：は冠詞音）」が音韻転訛したものであることがわかるのだ）

●師走（シワス）：先に行く・走る
　　　　　　　　ba-zi kashu
　　　　　　　　da-’ kashu
　　　　　　　　ta-gas’u
　　　　　　　　sa-dasu
　　　　　　　　si-basu

shi-vasu

shi-wasu

shiwasu（シワス　師走）

（参考：まず「師走」とは「陰暦十二月の別称」である）

（解釈：先ず年末は師匠も慌ただしく駆け回るから「師走」だとはよく言われることだ（「師馳す（しはす）」説）。ともあれ、「師」とは「①先生」、つまり「先に物事を極めた人」なので「ba-zi：先に行く」と言い表し、次に「走」は「走る」ことなのでそのまま「kashu：走る」と言い表すのだ。すると、両者併せて「師走」とは「ba-zi kashu：先に行く・走る」と言い表すのだ。こうして、てっきり大和言葉だと思えた「師走」も終わってみれば100％シュメール語であり、「ba-zi kashu：先に行く・走る」が音韻転訛したものであることがわかるのだ。

さて、陰暦の〈睦月・如月・弥生・卯月・皐月・水無月・文月・葉月・長月・神無月・霜月・師走〉の解析、如何だったでしょうか？すべてその祖語がシュメール語でしたね。たかだか陰暦の呼称なんですが、「歴史の真実」は皆さんの想像を遥かに超えたところにあるのです。

これまで第3章で解析してきましたように、ごく身近で日常的に使っている〈見る・聞く・話す・書く〉〈上下左右〉〈東西南北〉〈春夏秋冬〉、そして〈睦月・如月・弥生・卯月・皐月・水無月・文月・葉月・長月・神無月・霜月・師走〉など、てっきり日本固有の純粋な大和言葉だと思われていたものがすべて100％シュメール語であることがわかりました。さぞかし驚かれたことかと思います。驚ろくなと言う方が無理な話かと思います。こんな事、大学を筆頭に学校では誰も知りませんし、誰も教えてくれませんからね……。

で、改めて本書のタイトルにある「日本語って、ナニ語なの？」と聞かれたなら、筆者は迷わず、

「シュメール語です！　あなたも私もシュメール人かも～!?」

　と答えます。ここまで読まれた読者の皆さんも答えは同じかと思います。
　この第3章でご紹介しましたものは筆者解析済み約700語・句・文の内の僅か40例、ほんの6％弱に過ぎません。ともあれ、自説「大和言葉は100％シュメール語である！」（仮説）が伊達ではないということが少しはおわかり頂けましたでしょうか？　自説は未だ世界が認めた訳ではありませんから、「仮説」扱いの段階です。でも、一人でも多くの皆さんのご理解が得られれば「定説」になる可能性は大いにあります。すると、広辞苑・漢字林を始めとする日本の著名な国語辞典などはすべて比較言語学に基づいた大きな手直しを迫られることになろうかと思います。もちろん、英和辞典を筆頭に諸外国の辞典とて同じことですが…。

〈緊急割り込み〉
★突然、話の流れを遮ってしまい大変申し訳ないのですが、ここで緊急割り込みをさせて頂きます。
　その1：身近な歴史と文化の一つに国技の「相撲」があります。以前、FBで話題の一つに取り上げられたものの、その正確な語源がわかる人が誰一人おりませんでしたので、この場をお借りして筆者がお答えします。「相撲」は立派なシュメール語であり、起源はシュメールです！　貴重な考古学上の資料は以下の画像右側をご覧ください。

●相撲（スモウ）：体・対向
　　　　　　　su ub（体・対向）
　　　　　　　su-ubu（bu：語尾の母音語化は「神の法則」）
　　　　　　　su-' mu（b-m）
　　　　　　　su-mo
　　　　　　　sumou（スモウ　相撲）

（参考：「相撲」とは「①土俵内で、まわしをつけた裸の者が二人で取り組み、相手を倒すか土俵の外に出すかすれば勝ちとなる競技。日本では上代から行われ、国技とされている」である。）
　　　（解釈：文字通り、「相撲」とは褌（ふんどし）を締めて互いに「体を向き合わせ」て闘う競技なので、そのまま「su ub：体・対向」と言い表すのだ。）

「相撲土器」!?
山梨県一の沢遺跡（中期）の
土器の模様を参考にイラスト化。

シュメールの「相撲」の銅製スタンド（BC3000
年頃。ルーブル美術館蔵）を参考にイラスト化。

　　　（蛇足：俗説の一つにこんなのもありました。2018年11月24日に、日本ヘブライ文化協会のＡ副理事の方が、ヘブライ語の「shmo（彼の名前）」が「shemo」と音韻転訛したものだと述べておりました。確かに、呼び出しが力士の名前を呼び上げますが、それだけで「相撲」の語源がヘブライ語であると比定するのは少し無理があります。確たる考古学的な資料でもあれば話は別ですが…。）

　その２：「神国日本」と言えば神社です。神社には「八百万の神々」が祀られています。そして、神社と言えば「鳥居」です。読んで字の如く、「鳥が居る（止まる）所」です。どんな鳥なのでしょうか？本当にただの「鳥」なんでしょうか？　また、鳥居は神聖な領域の入り口（門）であり、「結界」を表すものであるとも言われていますが、本当はどうなんでしょうか？

●鳥居（トリイ）：鳥・居る

　　　　　　mushen am$_3$（鳥・居る）

　　　　　　kuse'-im（m-k）

　　　　　　ture-i'（k-t, s-r）

　　　　　　tori-i

　　　　　　torii（トリイ　鳥居）

　　　（解釈：先ず、「鳥居」は「鳥が居る所」と書きますが、単
にカラスや鳩などが止まる為に作った訳ではありません。ですから、
問題はその「鳥」とは一体誰のこと、どの神様のことなのかというこ
とです。シュメールの神々アヌンナキの中で「鳥」と言えば、勿の論
で「風神エンリル」のことです。そうです。有名な国宝「風神図雷神
図」の風神のことです（因みに、雷神は息子のイシュクル神、帝釈天
のことです）。

　　　　実は、この風神エンリルのシンボルが「白い鳥」なのです。
これが「鳥居」を比定する決定打になります。つまり、「鳥が居る所」
の「鳥居」とは、「風神エンリルのシンボルである白い鳥が居る（止
まる）所」なので、そのまま「mushen am$_3$：鳥・居る」と言い表す
のだ。因みに、この「白い鳥」は蘇我馬子の墓である石舞台古墳（奈
良明日香村）の石室に刻まれています。筆者もこの目で何度も確かめ
ています。更に蘇我氏は風神エンリルの信奉族だったので「i-šu ir
ga-ga（イシュイル・ガガ）」と書き、「風神エンリルに祈る」の意味
でした。その「i-shu：50」の甲骨文字もそこに刻まれています。（詳
しくは拙著『縄文土器は神社だった！』P.100〜P.106。）

秩父の稲荷神社の「鳥居」

　尚、鳥居の始まりの時期につきましては、もちろん注連縄（しめなわ）よりもずっと後世の頃になって作られたものですが、8世紀頃の奈良時代には現在のような形の鳥居が始まったそうです。皇太神宮儀式帳には「於不葦御門（うえふかずのみかど）」との記載があるとのことです。Wikipedia より。また、鳥居の「形状」と「朱色」についてのディープな考察につきましては拙著『縄文土器は神社だった！』（ヒカルランド）p271〜p272・p219〜p220を是非ご覧下さいませ。因みに、風神エンリルのシンボルである「鳥居」が大きくて威容なのは（時には派手な朱色なのは）、簡素・厳かを旨とする国つ神を押さえた天つ神系の筆頭株としての権力を誇示した象徴であると感じるのは筆者だけでしょうか。）

〈緊急割り込み〉大変失礼しました。要は、身近な日本の国技「相撲」や神社の「鳥居」でさえもシュメール語なのだということをお伝えしたかったのです。では、話を元に戻させて頂きます。

　今、時代は日本語を、特に「大和言葉」を太陽系レベル・地球レベルで見直さなければならない時代に入っています。今から約5000年前の縄文土器にはシュメール語で「nunuz｛ヌヌズ：子孫（繁栄）｝」と或いは「u-pa-la（ウ・パ・ラ：神・神・神）」と施文されているものが実際に長野県から出土しているからです。西洋ではシュメール人は

未だ歴史の表舞台に登場したばかりです。しかも、シュメールと日本の距離差は、直線距離にして約8000km！ ですから、彼らが直ぐに古代日本に渡来して縄文土器にシュメール語を施文するなどということは絶対にあり得ませんので、その新しい「異端の文字」が時空を超えて縄文時代中期の土器に数多く施文されていることなど明らかに時系列的に矛盾しています。

　でも、古代シュメール語「nunuz｛ヌヌズ：子孫（繁栄)｝」が施文されている土器は数多く実在しています！　いわゆる「オーパーツ土器」なのです。そこに在ってはいけない「場違いな（out-of-place）人工物（artifacts)」なのです。しかも、それ以外にもバビロニア語の「⯑（pa：神)」を施文した土器が何点もあるのです。さ、一体歴史はどうなっているのでしょうか？　縄文時代の初めより一体何が起きていたのでしょうか？　終章ではその「歴史の謎」を太陽系レベル・地球レベルで探って参ります。ヒントは「二ビル星の神々アヌンナキ」です。

終章：縄文土器から読み解けること

① 縄文時代の初めより一体何が起きていたのか？

さ、とうとう終章を迎えてしまいました。先ず、今一度、古代シュメール語「nunuz 𒊺 ｛ヌヌズ：子孫（繁栄）｝」が施文されている土器をご覧頂きたいかと思います。

「ヌヌズ土器」
（阿久遺跡・中期 BC3000年頃）

横並びの連続文の「ヌヌズ土器」
泉山遺跡・中期 BC3000年頃
青森県立郷土館蔵 風韻コレクションより。

「シュメール人が初めて歴史の表舞台に登場したのは縄文時代中期（BC3000年頃）です。登場したばかりなのに、直ぐに遠く8000kmも離れた古代日本に彼等の言葉シュメール語「nunuz 𒊺：子孫（繁栄）」が縄文土器に施文されているのです！それも長野県のみならず、東北地方にまで類例が数多くあるのです。それっておかしくないですか？生まれたばかりの赤ちゃんが、突然立ち上がって大人の言葉を話し始めたようなものです。この矛盾点を学術的に説明できる考古学者・歴史学者はいないかと思います。

205

お待ちどお様でした。第1章の最後で言い及んだ歴史を変えるだけの「衝撃的な何か」の正体を明かす時がやって参りました。日本語のルーツがやれ「ウラルアルタイ語族・朝鮮語」だの「ドラビダ語族・タミル語」だの「オーストロネシア語族」だのと諸説いわれても、所詮机上の論理であって具体的な証拠というものは何一つありませんでした。この物的証拠がないということがこれまでの学説の最大のネックだったのです。

　ところが、実はその歴史を変えるだけの「衝撃的で決定的な考古学的資料」というものがあったのです！　それが「ヌヌズ土器」でした。しかし、ことはそれだけでは収まりませんでした。それ以上の「衝撃的で決定的な考古学的資料」というものが未だ他にもあったのです‼

　さ、一体、縄文時代には何が起きていたのでしょうか？　一刻も早くその「ヌヌズ土器」よりももっと衝撃的な土器を一点ご紹介いたします！「歴史の真実」を知るには、その「ヌヌズ土器」よりも遥かに古くて、長い間「歴史の闇」に葬られてきたもっと革命的な土器の存在を知らなければなりません。世界最古級ですが、名前さえも付いていません。とくとご覧下さい。

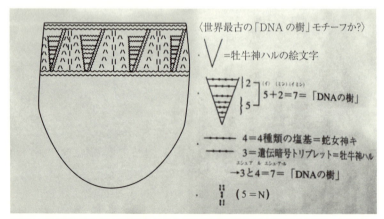

筆者による解析図(右半分)＆手書き図(左半分：『花見山遺跡発掘調査報告書』を参考にイラスト化。)
(拙著『縄文土器に刻まれたDNA暗号』より)

終章：縄文土器から読み解けること

　縄文時代草創期（BC 1万年頃）の土器です。「ヌヌズ土器」（BC3000年頃）よりも 3倍以上も古いのです！（参考：BC 4～5万年にはヨーロッパやインドネシアではクロマニョン人やネアンデルタール人などによる洞窟壁画が発見されている）どうですか？　驚きましたか？　そんな凄い土器が神奈川県都筑区の花見山遺跡から出土しているのです！　関東在住の方々は必見です！（実物は横浜市歴史博物館に展示されています）

　しかし、大切なのは古さだけでなく、そこに刻まれた・施文された「神々」の情報なのです。花見山遺跡の縄文人達が信奉していた神々の情報が一番重要なのです。実は、現在の（縄文）考古学会の最大のアキレス腱はそこなのです。「物を見る目」が無い彼らには「縄文の神々」のことなど、しかもそれがシュメールの神々アヌンナキであるという認識などさらさらありません。しかし、前ページの解析図通り、確かにそこにはシュメールの「神々の文字・記号・数詞」がハッキリと刻まれているのです！　特に、「DNAの樹モチーフ」が正確に刻まれ・施文されていたのです！

　ところがです。上図は2005年のもの、つまり今から19年も前の解析図でしたので、実はもう一つ大切な女神情報が抜け落ちていたのです。その重要な女神情報をこの場をお借りして補足させて頂きます。

　その女神の名は「火山女神ニンフルサグ Nin hur sag（女王・爆発・頭）」と言います。もちろん、記紀に登場してきます。和名は美人で名高き「木之花佐久夜比売（このはなのさくやひめ）」。別名は神世第五代の「阿夜訶志古泥（あやかしこね）」と言います。俗名は「かぐや姫」・「お多福」・「お亀」など色々あります。色々あるということは縄文時代草創期から 1万年以上も長く日本人に篤く信奉され、愛され続けてきたということの証です。

　ともあれ、この女神が左図のどこに刻まれているかと言うと、牡牛神ハルの記号「V」の両サイドにしっかりとあります。「ハ」みたいな記号が縦に 5個並んでいるかと思いますが、その数詞の「5」＝ニ

ンフルサグ女神のシンボル数なのです！　更に、その「ハ」みたいなものが、実は歴（れっき）としたシュメール語の文字であり、「∧（ガシャン：女神）」と言います。「5・∧（女神）」＝火山女神ニンフルサグなのです。シュメール語では「i-da gashan：イダ・ガシャン（5・女神）」とも言います。アジア全土の共通認識です。日本語では「荒櫨（あらかし）」（神社：栃木県茂木町）と言い表します。地元の茂木（もぎ）町では、今でも「アラ・ガシャン」と言われています。先程、その土器には文字は刻まれてはいなかったと述べましたが、実はシュメール語の文字「∧（ガシャン：女神）」はそこに刻まれていたのです！　何分、19年前の事ですので不十分であったのです。この場をお借りしてお詫び・訂正いたします。

　因みに、このシュメール語の文字「∧（ガシャン：女神）」は上記の土器だけでなく花見山遺跡出土の他の土器にも沢山刻まれていますので、火山女神ニンフルサグと蛇女神キに対する信奉度の高さを表しているかと思います。是非、横浜市歴史博物館に足を運んでみては如何でしょうか？

　更に補足事項になりますが、その八の字形「∧（ガシャン：女神）」と「∧（ガシャン：女神）」の間に挟まれて麻雀パイのような数詞記号「꜍」が縦に見えるかと思いますが、個人的にはそれが数詞の「5」、つまりシュメールの火山女神ニンフルサグのシンボル数の「5（i-da）」であると認識しています。ということは、数詞記号「꜍」と5個の「∧（ガシャン：女神）」のダブル＝火山女神ニンフルサグ（Nin hur sag i-da：女神・爆発・頭：5・数）！　ということの確証になります。

〇数詞記号「꜍」＋5個の「∧（ガシャン：女神）」＝火山女神ニンフルサグ！

（女神・爆発・頭：5・数）

　つまり、このシュメール語「∧（ガシャン：女神）」こそは国内最古の、それもアヌンナキの大神様ニンフルサグ女神を表すシュメール語であると言うことができるのです！

終章：縄文土器から読み解けること

○「∧（ガシャン：女神）」＝国内最古の、それもアヌンナキの大神様ニンフルサグ女神や地母神キを表すシュメール語である！

「ガシャン土器」
∧∧
∧∧
∧∧　⎰ ∧が7個
∧∧　⎨ 7＝3＋4
∧∧　⎱ 4＝蛇女神キ
∧∧
∧∧
（∧＝この場合は
　　蛇女神キ）

「ガシャン土器」（花見山遺跡（草創期BC１万年頃））
（『[縄文時代草創期]　資料集』を参考にイラスト化。）

という訳で、これまでの縄文時代における「シュメール語・バビロニア語」の経緯を少しまとめてみましょう。

● シュメール語などの「u-pa-la：ウパラ（神・神・神）」を施文した「ウパラ土器」：（次のページの左画像）
　長野県伊那市採取（中期BC3000年頃）。3柱のアヌンナキが施文されている。
● シュメール語の「nunuz：ヌヌズ（子孫（繁栄）」を施文した「ヌヌズ土器」：（次のページの真ん中の画像）
　長野県諏訪郡原村の阿久（あきゅう）遺跡（中期BC3000年頃）。
● シュメールの「DNAの樹」やシュメール語の「∧（ガシャン：女神）」を刻んだ土器：（次のページの右図）
　神奈川県横浜市都筑区の花見山遺跡（草創期BC１万年頃）。3柱のアヌンナキが施文されている。

209

「ウバラ土器」　　　　　「ヌヌズ土器」　　　「「DNAの樹」モチーフ土器」

縄文の革命土器「三役そろい踏み」！

➡ここから導き出される事実：第2章で言い及んだ「衝撃的な何か」とは？

●今から1万2000年前頃に「シュメール語」が縄文土器に刻まれ・施文されていた。しかも、その後の縄文中期BC3000年頃にも、そして後期のBC2000年頃にも晩期のBC1000年頃にもずっとそれが継続していること。

でも、シュメール人とシュメール語が歴史に登場するのはBC3000年頃である。（常識）
　➡では、シュメール人のいない縄文時代草創期や前期に「（未来の）シュメール語」を縄文人に教えたのは一体誰なのか？　縄文時代には一体何が起きていたのか？

それを知るにはどうしてもシュメールの驚異の歴史を刻んだ「粘土板 clay tablets」の基本的な内容を知る必要があります。

終章：縄文土器から読み解けること

② 驚異の歴史を刻んだシュメールの粘土板

　人類の歴史を理解する上で一番大切なのは人類を創造した「神様（神々）」ですから、シュメールの神々「アヌンナキ Anunnaki（「天空より飛来した人々」）」のことを知らなければなりません。出典はゼカリア・シッチンの『人類を創成した宇宙人』や『宇宙人はなぜ人類に地球を与えたのか』等の著作ですが、最もわかり易くは学研の『ムー謎シリーズ10　宇宙人超文明の謎』かと思います。非常によくまとまっておりますので、筆者のお薦めになります。それに従って、時系列的に大雑把な「地球年代記」をこれから羅列しますので、自分なりにご理解くださいませ。

●約100数十億年前：宇宙開闢（ビッグバン）

●約40億年前。二ビル星の衝突と地球の誕生：
　──外宇宙から二ビル星（アヌンナキの惑星）が土星の引力に引っ張られて太陽系に入り、先ず土星と衝突した。その反動で次に（地球の母星である）ティアマトと衝突しその半分が砕け散り、小惑星帯となった。そして、残った半分が金星と火星の間に移動して現在の地球となった。
　──二ビル星の「生命の種子（DNA）」が地球に付着した。
　──二ビル星は太陽の引力に捕えられ、太陽系12番目の惑星（公転周期3600年）になった。

●約44万5000年前。アヌンナキの地球遠征隊と金の採掘：
　──二ビル星ではティアマトとの大衝突が原因で大気の拡散が生じ、生物種が絶滅の危機に瀕していた。大気の拡散を防ぐには黄金のナノシールドを惑星全体に張れば良いことがわかる。調査の結果、地球に豊富な金があることがわかり、知恵の神エンキを隊長として第一次地球遠征隊の派遣が行われた。その第一基地は（シュメールの）エリドウであった。

211

——アフリカに金鉱アブズを開き、金の採掘が始まる。
　　——エンキの異母弟である風神エンリルがクマルビと共に地球に来訪する。
　　——アヌンナキの大幅な人口増加が始まる。

●約41万2000年前。覇権をめぐる神々同士の闘争：
　　——不合理な王位継承規定によりエンキは王位継承権を異母弟のエンリルに奪われてしまい、これ以降両者は地球の覇権をめぐって大戦争に発展するほどにまで激化する。

●約41万年前。七つの都市国家の建設：
　　——新たな地球総司令官となったエンリルは、効率的運営の為にエ・ディン（いわゆる「エデン」）に七つの都市国家を建設する。各都市国家の役割は次の通り。

　　　　　首都エリドゥ　　➡黄金分離施設
　　　　　バド・ティビラ➡黄金精錬施設
　　　　　ニップル　　　　➡航空管制センター
　　　　　シッパル　　　　➡宇宙港
　　　　　シュルパック　➡医療センター
　　　　　ララクとラルサ➡宇宙船を誘導するビーコン都市

●約30万年前。金鉱アブズに於ける暴動：
　　——金鉱アブズでの過酷な労働条件に不満を抱いた下級アヌンナキが暴動を起こし、視察中のエンリルを急襲。エンリル政権を脅かす。

●約25万年前。人類「ホモサピエンス」の創造：
　　——天神アヌの判断により、知能を持った奴隷労働力として「人類」を創造することが決定された。
　　——エンキ（牡牛神ハル）と火山女神ニンフルサグ（医療隊長）が中心となり、地上の猿人とアヌンナキの遺伝子を掛け合わせて「現生人類ホモサピエンス」を創造する。（追記：この意味において、「混ぜ

合わされたもの」というシュメール人自らによる呼称は正しい）

　——当初、エンリルは人類に生殖能力を与えなかったが、非効率なのでエンキは禁を破って人類に生殖能力を与えてしまった。（このお陰で人類は急激に増え続けた）
　——結果、エンキは逮捕され、人類もメソポタミアから追放され（いわゆる「エデンの追放」）、以降、人類は世界各地に分散されるようになる。

●約６万年前。ネアンデルタール人と現生人類との共存：
　——ヨーロッパ・西アジア・北アフリカで猿人から進化したネアンデルタール人が出現し、３万年前までは現生人類と共存していた。

●約４万9000年前：大洪水の計画
　——エンキがアヌンナキと人類との交配によって生まれた「半神半人」を医療センターのあるシュルパックの総督に任命してしまう。
　——この半神半人を堕落と考えていたエンリルは人類抹殺計画を密かに進める。

●約１万3000年前。ノアの大洪水：（参考：縄文時代草創期より約1000年前に当たる）
　——ニビルの接近により南極の氷冠が崩壊し、巨大な氷塊が南極海に雪崩れ込んだ。その勢いで大津波が発生（いわゆる「ノアの大洪水」）、地上にある物はすべて海中に没してしまった。
　——人類を含む陸に棲む生き物たちはその殆どが絶滅した。アヌンナキが地球に築いた文明もすべて壊滅してしまった。
　——水位低下後、文明復興計画について話し合うために「偉大なるアヌンナキ評議会」が招集され、地上を４つの地域に分割することが取り決められる。
　１．第１地域：チグリス・ユーフラティス河流域地帯（メソポタミア）

２．第２地域：ナイル河流域地帯（エジプト）

３．第３地域：インダス川流域地帯（インド）

４．第４地域：ティルムン（シナイ半島）

——大洪水を生き延びた人類は第１〜第３地域に居住させ、第４地域だけは「神々の領域」として人類の立ち入りを禁じた。

　さて、終章に関係する〈驚異の歴史を刻んだシュメールの粘土板〉はこれ位で十分ですので、以降の出来事は割愛させて頂き、本文に戻ります。

　一番大切な個所は最後の「約１万3000年前。ノアの大洪水：」の「大洪水を生き延びた人類は第１〜第３地域に居住させ」の所です。このシュメールの粘土板の記述を前提としてみると、「大洪水を生き延びた人類」が果して古代中国や古代日本などの東アジア・極東アジア地域にどれ位いたのかどうか、とても気になるのです。しかし、この点に付いては何の言及もなされてはいません。地球上のどこの地域に生存者が何千人 or 何万人いたのかということも全くわかりません。でも、生存者がいたということだけは確かなようです。

　日本最古の縄文遺跡は、今のところ青森県津軽半島の北東部に位置する大平山元（おおだいやまもと）遺跡（旧石器時代末期 BC １万8000年頃〜BC １万1000年頃）と言われています。石斧・石鏃（せきぞく）などが大半で、土器片が少しです。とてもノアの大洪水を生き延びたとは思われません。生存者がいたとは思われませんが、本当の所はどうなんでしょうか？

　しかし、大洪水以後、突如として縄文草創期の花見山遺跡出土の土器に詳細な「DNA の樹モチーフ」（p206）が施文されているとなると、花見山縄文人は（特に司祭者は）一体どこからやって来たのでしょうか？　どこでそんな高度な DNA 情報を教え込まれたのでしょうか？ここが「新生」縄文考古学の一大転換点だと筆者は思うのです。問題点は以下の２点に絞り込むことが出来ます。

終章：縄文土器から読み解けること

Ａ：花見山縄文人とは（特に司祭者は）、アヌンナキが大洪水を生き延びた地球人の中から選び、予めそのような情報を教え込み、そしてその上で縄文人として花見山付近に入植させたものである。（生存者を選んで教育し、縄文人として入植させた）

Ｂ：花見山縄文人とは（特に司祭者は）、アヌンナキがどこかの実験室で新たに創造し、予めそのような情報を教え込み、そしてその上で縄文人として花見山付近に入植させたものである。（新たに人間を創造し、教育した上で縄文人として入植させた）

　このいずれかであると思うのです。でなければ、あれだけ詳細な「DNAの樹」とアヌンナキ情報を土器の表面に刻むことは不可能なことなのです。

　どっちが真実なのか？　こればかりはアヌンナキの大神様に聞かなければわからないことですが、新たに人類を創造するよりも今ある生存者を選んで遺伝子操作を施した方が効率的だと思うのです。そこで筆者は、「Ｂ」のノアの洪水の生存者に予め何らかの遺伝子操作を施し、今から約１万2000年前に「縄文人」として古代日本に入植させたと考えてみたのです。クレイジーな妄想かもしれませんが…。

　では、これからこの「Ｂ」の考え方に従って話を進めてみましょう。果たして、神なるアヌンナキは「縄文人」に何を期待したのでしょうか？　どうして「日本」だったのでしょうか？　様々な思いが脳裏を過（よぎ）ります。

　すると、地球のテクノロジーよりも約45万年も進んでいた当時の知恵の神エンキ（牡牛神ハル＝伊邪那岐命）と火山女神ニンフルサグ（＝木之花佐久比売姫）は遺伝子のどこをどう操作したのでしょうか？　最近の研究を踏まえての筆者の仮説をご紹介致します。あくまでも筆者のクレイジーな仮説ですので、専門的なことは平にご容赦くださいませ。

●男性が持つＹ染色体の中でも「争いを好まない」というYAP遺伝

215

子を、特に日本人を中心としたほんの僅かな部族・民族だけにしかないと言われる「ハプログループ　D1b遺伝子」を、ノアの大洪水の生存者達（一部）に組み込んで今から約1万2000年前に「縄文人」として入植させた。これが第1章で言い及んだ縄文人の「第5の渡来ルート」です。

　→その理由は、地球上の覇権を巡ってエンキ派とエンリル派という神々同士の醜い骨肉の争いを何万年も何万年も続けて来たからです。ベトナム戦争や中東戦争どころの話ではなく、何万年も何万年もです。母国ニビル星救済のための金採掘という大義名分の最中、来る年も来る年も…何万年も何万年もです。

　ですから、平和主義者のエンキ（牡牛神ハル＝伊邪那岐命）派の神々は、紛争の火種である中東から遠く離れた極東アジアの日本に「争いのない共存共栄の平和な新天地」（「縄文王国」）を夢見たと思うのです。「自然との調和」の理想国を築くために秘密裏に行動していたと思うのです。そして、それはまた日本がその後「世界の雛型」であることを願ってのことだと思うのです。

　→年代的にも、縄文時代草創期の花見山遺跡（約1万2000年前）とほぼ一致します。

　→だから、縄文時代は1万3000年以上にも亘って「争いのない共存共栄の社会」だったと言われているのです。（参考：長野県茅野市では縄文時代の争いのない「共存共栄の社会」を前面に押し出して、小中校9年間で90時間にも及ぶ「縄文科」のカリキュラムが現に組まれ実践されているのです。日本初の、そして国宝土偶を2点も抱える茅野市ならではの画期的な素晴らしい取り組みと言えます）

　→それは、地形的にも日本が「世界の雛形」であるとはよく言われるところです。

216

「日の本は全く世界の雛型ぞ。」(出口王仁三郎の言葉より)

確かに、偶然と言えば偶然なんでしょうが、屁理屈と言えば屁理屈なんでしょうが、上図は妙に筆者の心に引っかかるのです。無視できないのです。何故だかわかりませんが…。

国土的・地理的なことは良しとして、では、アヌンナキは「縄文人」にどんなコトバを教えていたのでしょうか？　そもそも、アヌンナキのコトバって何語なんでしょうか？　比較言語学を研究している筆者としては一番気になる所です。シュメール語に近い？　いやいや、皆さんの想像を超えて、意外と「日本語」なのかも…。いやいやそんなバカな…。

残念ながら、これまでアヌンナキの言語が何語なのか研究された試しがないので、取りあえず「アヌンナキ語」としますが、他方、縄文人がアヌンナキから教えられた言葉、いわゆる「縄文語」とは一体どんな言葉であったのか？大変気になる所ですが、筆者の仮説は当然こうです。

今から約1万2000年前にはシュメール語で「∧（ガシャン：女神）」という文字が、「DNAモチーフ」情報が、更には5000年前頃には同じくシュメール語で「8（ヌヌズ：子孫）」という文字が、そしてシ

ュメール語とバビロニア語で「◎✦レ（ウパラ：神・神・神）」という文字が、更には4000年前頃にはシュメール語で「✦（アシュ：ト占する）」やバビロニア語で「✦（パ：神)」という意味の「縄文ハンコ」なども出土しているのです。加えて、これまで「大和言葉」のシュメール語解析実例140でも証明して参りましたように、筆者は当然それが「シュメール語」である！　と確信しています。１万数千年にもわたるこれだけの物的（考古学的）証拠及び言語学的証拠で溢れている以上、何人たりとも否定の余地はないと思うのです。

　では、ノアの大洪水以後、日本列島ではどんなことが起きていたのでしょうか？　筆者の推理（仮説）はこうです。

「アヌンナキ Anunnaki（天空より飛来した人々）」は大洪水を生き延びた縄文人に（上記の第１〜第３地域に居住中（？））「争いを好まない」という YAP 遺伝子（ハプログループ D1b）を新たに組み入れて、彼らの言葉「アヌンナキ語」（今で言うところの「母音語化したシュメール語」）を教え、縄文時代草創期の始めより日本列島に入植させていた。

　だからこそ、縄文時代草創期以降の縄文土器にシュメール語を筆頭に「神々の文字・記号・数詞」が無数に刻まれたり施文されたりしているのです。物言わねど動かぬ証拠です。

　因みに、ゼカリア・シッチンの研究では、その問題の YAP 遺伝子に関しては、「比較的温和な人種になるように調整された」そうです。（出典：『人類を創成した宇宙人』ゼカリア・シッチン著）何と言っても、アヌンナキは私たち地球人よりは文明が約45万年も進化しているのですから、それくらいの「調整」は造作もないことだったと思うのです。

　更に、そのハプログループ D1b ですが、今では最低でも３万年以上も前に日本で誕生し、縄文人を筆頭にアイヌ人や沖縄人を含めた日本人だけが持つ稀有な遺伝子であると考えられています。今現在も約

終章：縄文土器から読み解けること

40％が残り、ハプログループ最大のグループとのことです。

➡だから、縄文人に教えたと思われる「シュメール語」自体も「愛と平和」の精神に基づいた優しい響きの心地よいイメージのものが多かったのではと考えられるのです。そして、それが「シュメール語の語尾の母音語化」によるものではないかと筆者は考えています。

➡縄文時代中期以降、古代日本に追われるように移動してきたシュメール人（当時の縄文人よりは文化・文明レベルは遥かに上だが、既にYAP遺伝子（ハプログループD1b）を組み込まれており、平和を愛し共存共栄志向が高い）のシュメール語が既存の縄文人のシュメール語と融合し、それがもっと洗練された形の、美しく風雅で趣のある「和の大和言葉」として昇華していったのではないでしょうか。そして、それが「日本固有の言葉」として現在に至っているのではないでしょうか。

●「争いを好まない」というYAP遺伝子（ハプログループD1b）と母音言語との関連性：

これまで大和言葉のシュメール語解析実例を140例取り扱う際に、そこに「神の法則」、つまり「シュメール語の語尾を母音語化する法則（語尾に「u：神」を付ける）」が働いていることを耳に大ダコができる程何度も何度も、繰り返し繰り返し伝えてきました。もちろん、只の方法論に過ぎないのですが、筆者にはそれがどうしても只の偶然ではないような気がするのです。でなければ、遠の昔に日本の、世界中の比較言語学者がそれに気づいていたと思うのです。

ここに「音の認知　日本人と西洋人の比較」に関して大変興味深い実験データがありますのでご紹介します。そうすれば、筆者の推測もあながち「的外れ」ではないということがお分かり願えるかと思います。

今から約50年前に角田忠信（つのだ・ただのぶ）博士という医学者が書かれた『日本人の脳』（大修館書店）の中からです。先ずは下

図をご覧ください。面白いことがわかります。

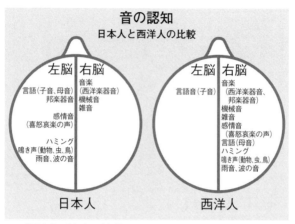

(『日本人の脳』角田忠信著。大修館書店)を参照にイラスト作成。

(因みに、この実験データは、その後のより高度な実験でも同様な解析結果が得られたとのことです)

　先ず、私たちの脳は一般的に「左脳の言語脳」、「右脳の感覚脳／芸術脳」と言われていることは大半の人ならば一度は耳にしたことがあるかと思います。しかし、筆者を筆頭に殆どの人はそれが日本人と西洋人（セム語族）とではよもや異なるとは考えたこともありません。そうでしょ？

　ところが上図を見ると、それがまったく違うのです。特に左脳の言語に関する認知です。日本人は左脳で母音も子音も両方認知できるのに対して、西欧人は子音しか認知できず、母音は右脳で認知しているのです。不思議なことですが、そうなっているということは最初から（神様によって）そう創られていると考えた方が自然です。

　例えば、catやbut等のように「子音－母音－子音」（1音節）としてまとまっている場合は、つまり母音が「音声範疇」の中に入った時は、西欧人はそれを右脳ではなく「左脳で認知」しているのです。片や、日本語にはいろはの「子音－母音」はあるものの、「子音－母音

終章：縄文土器から読み解けること

－子音」（１音節）というものはありませんから、基本的に音節というものが最初からありませんし、「子音－母音」は当然左脳で認知しているのです。

つまり、大雑把に言いますと、「日本人は母音語脳」で、「西洋人は子音語脳」ということが出来ます。言葉を変えて言いますと、「日本語は母音言語」で、「セム語族の言語は子音言語」であると言い換えることが出来ます。

日本人は英語教育に世界中で一番時間とお金と労力をかけている割には、英語の習得能力が世界で一番低い民族であるとはよく言われることですが、母音語脳の日本人が英語を筆頭にセム語族の子音中心のハッキリしない子音言語を学習・習得するのが苦手であるというのも、それは言語脳の違いの所為なのかもしれませんね。もちろん、教育環境が変わり、努力すればある程度はその欠点も克服できるとは思いますが…。何故なら、今では小学生の高学年でも英検２級に合格するくらいですから。

母音の認知だけではなく、虫の音や鳥のさえずりなどに始まる花鳥風月を愛でるという言語脳（一般には民族性）は日本人ならではのものです。更には、日本語は擬音語や擬態語のオノマトペ（onomatopoeia）が非常に豊かで約2000語（英語は約150語）もあると言われていますが、この点に於いても日本人の言語脳は突出していると筆者は考えています。これまで解析して参りました美しい響きの言葉：しんしん（深々）・しとしと・しゅくしゅく（粛々）・しとやか・しめやか・しなやか・しんみり・たおやか・うららか etc. を見ても、そこに日本人独自の言語脳（一般には感性）が働いているのは一目瞭然のことです。更には、茶道・俳諧における「わび・さび」などの風情・趣（おもむき）を楽しむということも、更にはもっと奥が深い言霊（ことだま）いうことも日本人独自の左脳の言語脳の為せる業（わざ）だと思うのです。

日本人とセム語族の西欧人との間にこれだけ明確な言語脳の違いが見られるということは、やはり単なる偶然の産物として片づけるわけにはいかないような気がします。つまり、言語脳の作りが初めから違

221

うように作られていると、アヌンナキによって「自然との調和」をするように初めから計画されてそう作られていると、考えた方がより自然なような気がします。約25万年前に、アヌンナキは私たち「現生人類＝ホモサピエンス」を創造したくらいですから、それくらいの遺伝子操作は造作もない（？）ことかと思うのです。

　ノアの大洪水後、エンキ派のアヌンナキたちは、日本列島に後の縄文人を入植させる際に、「自然との調和」を目指し、争いのない共存共栄の平和な理想の「縄文王国」を築き上げる一環として、予め「争いを好まない」というYAP遺伝子（ハプログループD1b）を組み入れ、更に彼らの言語脳を「母音言語脳」に組み替えていたのではないでしょうか。そして、その後日本が争いのない平和な「世界の雛型」となるように…。

　確かに、一部の専門家たちが「Alu（制限酵素Ⅰ）配列」がただ単に偶然で男性のY染色体の中に入り込んだだけであり、余り意味のないことであるとの指摘もありますが、でも男性のY染色体の中に入り込んだ「Alu（制限酵素Ⅰ）配列」の理由そのものが説明されていないのです。筆者にはそれが単に入り込んだ無意味な配列とはどうしても思えないのです。それは過去にも似たような悪しき前例があるからです。少し専門的な話になりますが、少しのご辛抱をお願いします。

　あれは今から数十年前のことです。伝令RNAのトリプレット暗号の中でUAAとUAGとUGAの３個だけが、それに対応するアミノ酸（23種類ある）が見当たらないのです。そこで、当時の分子生物学者たちはその３個を「ナンセンスNonsense（無意味なもの）」と呼んで邪魔者扱いをしました。ところがです。その後の研究で、その「ナンセンス」こそが実はタンパク質合成時の際の重要な「停止信号」であることがわかったのです！　この「停止信号」があるからこそ次の別のタンパク質の合成がスタート（「開始」）できるのですから。つまり、当時の研究レベルはまだ低レベルであり、「ナンセンス」だったのは実はそう呼んでいた彼ら自身の方だったのです。

終章：縄文土器から読み解けること

人類よりも45万年もテクノロジーが進化しているアヌンナキが創造した現生人類の人体です。無駄なものなんてないのです。ですから、YAP遺伝子（ハプログループD1b）に関しても、「Alu（制限酵素Ⅰ）配列」が無意味にY染色体の中に「入り込んだだけ」だと決めつけるのは早尚で、まだ十分に研究の余地があるように思えるのです。DNAが発見されてから未だ70年です。人体の研究に於いてはまだまだ未知の領域が多いのです。人類の研究などアヌンナキのそれと比べたら未だ完璧とは程遠いレベルなのです。

ともあれ、「争いを好まない」という「YAP遺伝子（ハプログループD1b）」を前提としてみると、日本人の「左脳は母音語脳」と「シュメール語の語尾の母音語化」とはきっとどこかで繋がってくると思うのですが、情報・研究不足で筆者にはここまでしかわかりません。「シュメール語の語尾の母音語化」と「美しく風雅で趣のある大和言葉」とがきっとどこかで結びついてくると思うのですが、そのことについては今後の研究を待つということでこの話はこれ位で終わりにさせて頂きたいかと思います。

（補足：その後、語尾を母音語化すると、左脳と右脳を繋ぐ脳梁が大いに刺激されて、脳内に共振共鳴作用が起こり、心が穏やかな気持ちになって行くとも言われるようになりました）

③ YAP遺伝子（ハプログループD1b）を組み込んだ 二つの民族：仮説のまとめ

恩師の川崎真治先生は生前シュメール人の東遷説を説いておりましたが、実はそれだではなく、縄文時代以前から、いや数万年前から既に（シュメールの）神々であるアヌンナキは古代日本に飛来して、そこから「天岩船（宇宙船＝「飛ぶ鳥」）」に乗って世界統治を試みていたのです。（偽書と言われた『ホツマツタヱ』こそは、実は「歴史の真実」を記していたのです）そして、今から約１万6000千年前、縄文時代の草創期には争いのない共存共栄の理想的な「縄文王国」を作り始めていたのです。入植した縄文人はYAP遺伝子（ハプログル

ープ D1b）を組み込んでいました。公式言語は「母音語化されたシュメール語」でした。縄文草創期以降連綿として、縄文土器・土偶などにアヌンナキとシュメール語が無数に施文されているのはこの為なのです。

　他方、中東では、BC3000年頃アヌンナキは争いを好まないというYAP遺伝子（ハプログループ D1b）を組み込んだシュメール人を創造して、彼らに最高レベルの文明を授けました。その後 BC2000年頃、好戦的なアッカド人に祖国を追いやられてしまい、シュメール人達は大型の外洋帆船マグルやウリツムに乗って「約束の地」を目指し、古代日本に大挙してやって来たのです。そうです、平和を愛する地祇族系のアヌンナキに導かれて…。

　こうして、縄文時代中期以降、シュメール人たちは晴れて「約束の地」で先住民である縄文人（既に YAP遺伝子（ハプログループ D1b）を組み込んである）と合流し、アヌンナキ直系の二つの民族はそこで「縄文王国」を創り上げて行くのです。合流したシュメール人たちはシュメール語を話す縄文人に何の違和感も覚えることなく同化していったことでしょう。彼らの公式言語は「語尾を母音語化したシュメール語」でした。そして、それが弥生時代・古墳（大和）時代・飛鳥時代・奈良時代・平安時代…と続き、現代へと至るのです。「大和言葉は100％シュメール語である！」と筆者が声を大にして叫んでいるのはこの為なのです。（結果的に、シュメール人は「二つの祖国」を持つことになります）

　つまり、「大和言葉」が「美しく風雅で趣のある言葉」と言われる所以は、神々であるアヌンナキの地球上での覇権争いの醜い現実と反省から生まれた「理想のコトバ」であり、平和主義者エンキ（牡牛神ハル）派による「愛と平和の理想国」を古代日本に築く為の一環だったのではないでしょうか。「自然との調和」の精神に基づいて、彼らの言葉である「語尾を母音語化したシュメール語」を、つまり優しく心地よい響きの美しい言葉を縄文語として縄文人に教えていたのではないでしょうか。（参考：「ホツマツタヱ（秀真伝）」）

終章：縄文土器から読み解けること

　それ故、「大和言葉」というのはけして大和時代の宮廷から生まれた言葉ではなかったのです。初めから、そうなる為にアヌンナキの平和主義者エンキ派が計画した壮大なストーリーの一環だと考えられるのです。第1章③の〈歴史を動かした「人々」〉とは、彼らエンキ派の「アヌンナキ（Anunnaki：天空より飛来した人々）」だったのです！

　たかが「大和言葉」、されど「大和言葉」。

　コトバにはそれぞれ固有の振動率とエネルギーがあり、それぞれ固有の音韻と意味があります。そして、それを熟知していたエンキ派のアヌンナキ。「たおやか」「言ほぐ」「うららか」「たゆたう」「ひねもす」etc…何て優しくて心地よい響きの美しいコトバなんでしょうか。このように、「大和言葉」はエンキ派のアヌンナキの「愛と平和」・「自然との調和」の願いから生み出された洗練されたコトバ「語尾を母音語化したシュメール語」だったのです。

「縄文時代の初めより、拝む神様はアヌンナキ、話す言葉はシュメール語！」

　日本の歴史と文化と宗教の全域にわたって、途切れることなく連綿と受け継がれています。そして、未来永劫へと…。

参考図書・辞書一覧

（参考図書）
- 『縄文土器は神社だった！』（桂樹佑著・ヒカルランド）
- 『古代史に秘められたDNA暗号』（桂樹佑著・たま出版）
- 『縄文土器に刻まれたDNA暗号』（桂樹佑著・たま出版）
- 『漢字に隠されたDNA暗号』（桂樹佑著・たま出版）
- 『3＋4の般若心経』（桂樹佑著・たま出版）
- 『古事記　新編日本古典文学全集1』（校注・訳者山口佳紀・神野志隆光　小学館）
- 『増補　最新　図表生物』（編著者・浜島書店編集部：浜島書店）
- 『人類を創成した宇宙人』（ゼカリア・シッチン著・竹内慧訳、徳間書店）
- 『宇宙人はなぜ人類に地球を与えたのか』（ゼカリア・シッチン著・竹内慧訳、徳間書店）
- 『人類創世の謎と宇宙の暗号〈上〉』（ゼカリア・シッチン著・北周一郎訳、ムー・スーパー・ミステリー・ブックス）
- 『ムー謎シリーズ10　宇宙人超文明の謎』（学研）
- 『カバラ』（箱崎総一著・青土社）

（辞書・辞典）
- Sumeian Lexicon（Logogram Publishing, J. A. Halloran, Professor of Assyriology, UCLA）
- 『日本語 – セム語族比較辞典』（飯島紀編著・国際語学社）
- 『シュメール語入門』（飯島紀著・泰流社）
- 『世界の文字の図典』（世界の文字研究会編・吉川弘文館）
- 『福武　国語辞典』（編者樺島忠夫以下4名・福武書店）

あとがき

　最後になりましたが、今は亡き偉大な恩師、歴史言語学（比較言語学）のスーパースター川崎真治先生について一言。

　先生との良き出会いと教えがなければ、私は「前世からの役割」に気付くことはなかったであろう。先生の後を追って書いた処女作『古代史に秘められたDNA暗号』（2004年）から早いものでもう20年。この節目に川崎イズムを更に継承発展させて本書を世に送り出せたことは、望外の喜びである。恩師との良き出会いに本当に感謝。

　それから、今回の出版に至るまでの色々専門的な知恵と適切なアドバイスをして下さいました岩浅昌幸先生（筑波大学元准教授）に感謝の意を表したいと思います。

　他にもお世話になった方々もおりますが割愛させて頂きます。皆様、本当にありがとうございました。

　2024年5月吉日

　　　　　　　　　　　　　　　南伊豆にて　　　桂樹　佑

桂樹 佑　かつらぎ ゆう
新潟県生まれの団塊の世代。埼玉県川越市在住。
22年前、『世界最古の文字と日本の神々』(川崎真治著、風濤社)と出会い、比較言語学による古代史研究の素晴らしさに深い感銘を受け、故川崎真治先生に師事。
以降、「比較言語学をベースに生命科学の観点から古代史を読み解く」ことをライフワークとする。
Facebookでは、新しい研究学会「神々の古代史　NS６」代表。
縄文土器・土偶の文様を読み解くための一般法則「神々の文字・記号・数詞の法則」を確立。過去20年間、関東・中部地方を中心に精力的に講演活動などをこなす。

【著書】
〔DNA暗号シリーズ〕
『古代史に秘められたDNA暗号』(2004年　たま出版)
『縄文土器に刻まれたDNA暗号』(2005年　たま出版)
『漢字に隠されたDNA暗号』(2006年　たま出版)
『３＋４の般若心経』(2008年　たま出版)
〔シュメール語シリーズ〕
『縄文土器は神社だった！』(2019年　ヒカルランド)

◎只今、世界初の『－古代シュメール語による－　日本語の語源百科辞典』編纂中。解析実例数(語・句・短文)約8300、Ａ４原稿で約3200枚。2030年迄に刊行予定。只今、簡易版を考え中。

note

note

大和言葉は古代シュメール語で解説できる！
― 縄文土器からわかること ―

2024年9月20日　第1刷発行
2025年6月30日　第2刷発行

著者　　桂樹 佑
発行人　花山 亘
発行所　株式会社筑波出版会
　　　　〒104-0041 東京都中央区新富 2 - 4 - 8
　　　　TEL 03-6228-3495
　　　　FAX 03-6228-3543

発売所　丸善出版株式会社
　　　　〒101-0051 東京都千代田区神田神保町 2 -17
　　　　TEL 03-3512-3256
　　　　FAX 03-3512-3270

印刷・製本（株）シナノパブリッシングプレス
©2024〈無断転載禁止〉ISBN978-4-924753-64-8　C0080
※追加情報掲載サイト = http://tsukuba.site/